논·술·세·계·대·표·문·학

52

대위의 딸

알렉산드르 푸슈킨 | 김회선 엮음

H 훈민출판사

푸슈킨의 생가

The Best World Literature

푸슈킨의 초상화

휴식을 취하고 있는 푸슈킨

모스크바 젊은이들의 모습

부인 나탈리야 곤차로바

푸슈킨 동상

푸슈킨의 서재

푸슈킨의 자화상

결투로 쓰러진 푸슈킨 – 아름다운 부인을 둘러싸고 연적 조루주 당테에게 결투를 신청했다가 부상을 입고 죽었다.

The Best World Literature

푸슈킨의 작품 〈예브게니 오네긴〉의 공연 장면

아름다운 러시아 여인들

구인환(丘仁煥)

서울대학교 사범대학 졸업. 동 대학원 졸업(문학박사)
서울대학교 명예교수, 소설가(현). 서울대학교 사범대학 국어교육연구소 소장(현)
문학과문학교육연구소 소장(현). 국제펜 한국본부 부회장(현)
한국소설문학상(1987). 예술문화대상(1994). 한국문학상(2000)
작품 〈숨쉬는 영정〉, 〈살아 있는 날들〉, 〈일어서는 산〉 외 다수

- 저서 《한국단편소설의 이해》, 《한국현대소설의 비평적 성찰》,
  《고교생이 알아야 할 소설》, 《고교생이 알아야 할 세계단편소설》 외 다수

윤병로(尹柄魯)

성균관대학교 국어국문학과 졸업. 동 대학원 졸업(문학박사)
성균관대학교 교수, 문학평론가(현). 한국현대소설학회장(현)
한국문예학술저작권협회 이사(현). 한국간행물윤리위원회 위원(현)
한국펜 문학상(1987). 한국문학상(1988). 대한민국문학상(1989)
수필집 《나의 작은 애인들》 외 다수

- 저서 《현대 작가론》, 《한국 현대 소설의 탐구》,
  《한국 근대 작가 작품 연구》, 《한국 현대 작가의 문제작 평설》 외 다수

홍성암(洪性岩)

고려대학교 국어국문학과 졸업. 한양대학교 대학원 국어국문학과 졸업(문학박사)
동덕여자대학교 교수, 소설가(현). 한국문인협회 회원(현)
한국소설가협회 이사(현). 국제펜 한국본부 소설분과 이사(현). 한민족 문화학회 회장(현)
창작집 《큰 물로 가는 큰 고기》, 《어떤 귀향》 외
대하역사소설 《남한산성》 (전9권) 외 다수

- 저서 《문학의 이해》, 《현대 작가론》, 《한국 근대 역사소설 연구》 외 다수

기
획
·
감
수

〈대위의 딸〉의 삽화

논술 *세계대표문학*을 펴내며

21세기의 사회는 '전자 문명 시대'라 일컬어질 만큼 오늘날 전자 산업은 우리 생활의 거의 모든 분야에 다양하게 응용되고 있습니다. 출판 분야 또한 예외는 아니어서, 종래의 서책(Book) 대신에 이른바 '전자책(CD-ROM)'의 출간이 최근 들어 날로 증가하고 있습니다.

그러나 이러한 전자책은 영상 또는 모니터상으로 흥미 위주나 백과사전식 지식을 습득하는 데는 효과적일지 모르지만, 문학 공부를 위해서는 별로 도움이 되지 않습니다. 바꾸어 말하면, 문학 공부는 각 지면마다 살아 숨쉬는 표현 하나하나를 독자 자신의 머리로 음미하면서 작품을 읽어 나가는 가운데, 풍부한 상상력의 배양과 함께 작가의 의도와 그 작품의 내면을 깊이 있게 이해함으로써 이루어지는 것입니다.

이에 훈민출판사에서는, 자라나는 학생들이 범람하는 영상 매체에 길들여지기 전에, 어려서부터 유명한 세계문학 작품들을 책자를 통하여 감명 깊게 읽고 감상함으로써, 올바른 문학 공부의 기틀을 다지고, 아울러 전인 교육도 할 수 있도록 《논술 세계대표문학(전60권)》을 펴내게 되었습니다.

작품 선정은, 초·중·고등학교 국어 교과서와 역사 교과서에 실리거나 소개된 문학 작품을 중심으로 하되, 그리스 신화와 성경 이야기 등의 고전에서부터 중세·근대·현대에 이르기까지 세르반테스·셰익스피어·톨스토이 등 세계 유명 작가들의 장·단편 소설들을 엄선·수록하였습니다. 또 세계의 명시도 별권으로 엮었으며, 특히 각 단락마다 '논술 문제'를 제시하여, 장차 대학입시를 비롯한 각종 '논술 고사'에 예비 지식을 쌓을 수 있도록 배려하였습니다. 아무쪼록, 이 《논술 세계대표문학(전60권)》이 자라나는 학생들에게 문학 공부의 주춧돌이 되고, 나아가 미래를 살아가는 데 **정신적 자양분**이 되기를 진심으로 바라 마지않습니다.

훈민출판사

차례

대위의 딸

푸슈킨

지은이

1799~1837년. 러시아 모스크바에서 출생. 12살 무렵부터 시를 쓰기 시작했다.
1835년에 무운시로 쓰여진 희곡 〈보리스 고두노프〉를 발표하여 일시에 유명해졌
으며, 1930년 〈예브게니 오네긴〉을 발표하여 자리를 확고히 하였다.
생애의 마지막 시기에는 산문소설 〈스페이드의 여왕〉과 〈대위의 딸〉 등을 써서, 19
세기 러시아 리얼리즘 문학의 초석을 쌓았다.

대위의 딸

군대로 가는 길

"표트르, 너의 갈 길은 정해져 있다. 너는 내 뒤를 이어 군인의 길을 가야 한다. 알겠니?"

중령으로 퇴역한 아버지는 내가 말을 알아듣기 시작한 때부터 늘 이런 말씀을 하시곤 했다. 아예 내가 태어나기도 전에 아버지와 친분이 있던 사람에게 한 부대의 중사로 이름을 올려놓기까지 했다.

내가 다섯 살이 되자, 아버지는 사벨리치란 하인을 불러 명령했다.

"사벨리치, 앞으로 내 아들을 자네가 잘 돌봐 주게. 저 애가 앞으로 씩씩하게 자라 훌륭한 장교가 될 수 있도록 말일세."

"걱정하지 마십시오. 도련님이 주인 어른처럼 훌륭한 군인이 될 수 있도록 힘껏 돕겠습니다."

사벨리치는 여러 하인들 중에서 자신에게 이 집안의 하나밖에 없는 도련님을 맡겨 주신 데 대해 감격한 나머지 연신 고개를 굽실거렸다.

그 때부터 사벨리치는 늘 내 곁에서 무슨 일이 일어나든지 참견을 해 왔다. 착한 마음을 가진 하인이었지만, 아직 어린 내게는 그의 말이 잔소리같이 생각되었다. 또, 사벨리치는 내게 글을 읽는 것과 쓰는 것을 가르쳤다.

"도련님, 틀렸어요. 그 단어는 그렇게 읽으면 안 돼요. 자, 다시 저를 따라해 보세요."

단어 하나를 잘못 읽더라도 그게 자신의 큰 실수라도 되는 것처럼 그냥 넘어가지 않았다. 난 사벨리치의 꼼꼼함에 짜증을 내기 시작했다.

"아휴, 재미없어. 난 그만 나가 놀 테야."

"안 됩니다. 앞으로 훌륭한 장교가 되려면 이 정도는 참고 이겨 내야 합니다."

"몰라! 오늘은 그만 하겠어."

난 사벨리치의 걱정스런 소리를 뒤로 한 채 밖으로 뛰어나가곤 했다. 그러던 어느 날, 내가 공부에 흥미가 없다는 것을 눈치챈 아버지는 가정교사 한 명을 데려오셨다.

"이 분에게 인사드려라. 프랑스 인으로 앞으로 네가 공부하는 것을 도와주실 선생님이다."

아버지의 소개에 난 보프레란 이름의 가정교사에게 공손히 두손을 모으고 인사를 드렸다.

"안녕하세요?"

"오, 네가 표트르 안드레비치로구나. 아주 영리하게 생겼는걸."

새로 온 가정교사와 내가 인사를 나누는 것을 불쾌한 표정으로 바라보는 사람이 있었다. 바로 사벨리치였다. 아니나다를까 며칠 뒤, 그는 내게 불평을 했다.

"쳇! 주인 어른이 하시는 일은 알다가도 모르겠어. 나 혼자서도 충분히 도련님을 돌봐 드릴 수 있는데, 무엇 때문에 가정교사를 두려고 하시는 건지. 내가 보기에는 별로 똑똑해 보이지도 않는데 말이야."

그의 말대로 새로 온 가정교사는 착실한 편이 아니었다. 프랑스 어와 독일어, 그 외에도 여러 가지를 내게 가르쳐 주어야 할 보프레는 술을 무척 즐기는 사람이었다. 그는 내 방에서 부모님의 눈을 피해 틈만 나면 술을 마셨다. 그러다가 술에 취해 책상 앞에 쓰러져 잠이 들곤 했다.

'오늘도 선생님이 취해 버렸군. 어디 오늘은 무슨 놀이를 할까?'

난 보프레의 이런 행동들을 절대 아버지께 말씀드리지 않았다. 아직 어린 나는 공부보다는 노는 것에 흥미가 많았기 때문에 그것은 오히려 잘된 일이었다.

하지만 이런 자유도 그리 오래 가지 못했다. 결국 자연스럽게 보프레의 행동이 발각되는 일이 생기고 말았다.

"뭐라고? 새 가정교사가 너에게 이런 짓을 시켰단 말이지?"

"그게 저……."

"똑바로 말하지 않으면 너도 이 집에서 당장 쫓겨날 줄 알아!"

어느 날, 어머니는 무슨 일인지 몰라도 하녀 한 명을 붙잡고 호되게 나무라셨다. 나중에 알게 된 일이었지만 보프레가 우리 집 하녀에게 집 안 물건에 손을 대게 시킨 일이 있었다. 결국 이 일은 아버지의 귀에까지 들어가게 되었다.

"당장 가서 가정교사를 불러 와!"

"예, 나리."

아버지의 명령을 받은 하인은 그길로 내 방으로 와 문을 두드렸다.

"도련님! 나리께서 가정교사를 불러 오라 하십니다."

"난 지금 공부하느라 바쁘단 말이야. 나중에 다시 와."

그 때 나는 한창 아버지가 사 오신 세계 지도로 연을 만들고 있던 중이었다. 보프레는 잔뜩 술을 마시고는 내 침대에서 세상 모르게 잠들어 있었다. 아버지가 보프레를 찾는 이유가 별것 아니라고 지레 짐작한 나는 대충 이렇게 둘러 댔다.

"흠, 표트르가 공부 중이라고? 그래도 이번 일은 그냥 넘어갈 수 없지. 좋아, 내가 직접 보프레를 만나 봐야지."

결국 아버지는 잔뜩 화가 난 마음을 누그러뜨린 채 내 방으로 건너오셨다. 막 방문을 두드리려고 하던 아버지는 무슨 생각이 들었던지 소리 나지 않게 살며시 문을 열었다.

"이런!"

내 방 안의 풍경은 그야말로 아버지를 놀라게 하기에 충분했다. 누군가 들어올 줄은 꿈에도 몰랐던 나는 여전히 연을 만드는 마무리 작업을 하고 있었고, 보프레 역시 술에 취해 곯아떨어져 있었다.

"이 녀석! 지금 뭐하고 있는 거냐? 선생님은 어디 가고……."

아버지는 내 귀를 사정없이 잡아당기고는 이렇게 물었다. 그제야 사태를 알아차린 나는 아버지께 붙잡힌 채, 침대 쪽으로 손을 가리켰다.

"아얏!……. 제발 귀 좀 놔 주세요. 선생님은 저기……."

아버지는 침대 곁으로 가 보프레를 흔들어 깨웠다.

"이봐! 보프레 선생. 이게 도대체 무슨 짓인가?"

누군가 흔들어 깨우는 바람에 보프레는 눈을 비비며 일어나기는 했지만, 아직도 앞에 있는 사람이 누구인지 알아보질 못했다. 더 이상 참을 수가 없었던 아버지는 그 자리에서 냅다 소리를 질렀다.

"세상에! 술까지 먹고 자고 있었단 말이야? 당장 내 집에서 나가!"

보프레는 한 마디 변명도 하지 못한 채 쫓겨나고 말았다. 이 일을 전해 들은 하인들 중에 역시 사벨리치가 가장 좋아했던 것은 두말할 나위가 없었다. 이 일이 있은 뒤로, 나는 평범한 생활을 하며 열일곱 살이 되었다. 그 때까지 특별히 기억될 만한 일은 일어나지 않았다.

하루는 부모님과 함께 거실에 있었다. 그 때 어머니는 잼을 만들 준비를 하고 계셨고, 아버지는 두꺼운 책 한 권을 꺼내 보고 계셨다.

"쯧쯧쯧……."

"왜 그러세요?"

아버지의 언짢은 표정에 어머니는 무슨 일인가 싶어 물었다.

"여기 군대에서 일어난 사건을 적은 것을 읽고 있으니 내가 왠지 초라해지는군."

"어머, 당신이 왜 그런 생각을 하세요?"

"내 부하로 있던 군인들이 지금은 훈장을 여러 개 받아 이름을 빛내고 있으니 말이야. 휴, 난 이제 끝난 건가 하는 생각이 들어서……."

아버지의 한숨 소리에 어머니는 어떻게 위로해 드릴 말을 찾지 못했다. 곁에서 부모님께서 나누던 말을 듣고 있던 나는 솔직히 아버지의 마음을 이해할 수 없었다.

잠시 알 수 없는 침묵이 흐르고, 아버지는 굳게 다물었던 입을 열어 어머니께 조용히 말씀하셨다.

"지금 결심했소. 표트르도 이제 군대에 갈 나이가 된 것 같아. 당신 생각은 어떻소?"

"옛? 군대라고요?"

갑작스런 아버지의 말에 어머니는 그만 들고 있던 그릇을 바닥에 떨어뜨리고 말았다.

"쨍그랑!"

다행히 그릇은 깨지지 않았지만 큰 소리에 나도 정신이 번쩍 들었다.

'내가 군대를 간다고? 그래, 집을 떠나서 혼자만의 시간을 가져 보는 것도 좋겠지. 그리고 근위대의 장교가 된다는 일은 근사하잖아.'

아직 군대의 생활이 어떤 것인지 잘 알지 못하는 내게 아버지의 결심은 어머니의 걱정과는 달리 신선했다.

강직한 아버지는 자신의 결심을 즉시 실행에 옮겼다. 얼마 지나지 않아 군대에 입대할 날이 결정되었다.

"여보, 여기 편지지와 펜 좀 가져 오시오."

아들이 입대할 군대의 상관에게 편지를 쓰려는 것임을 알아차린 어머니는 아버지께 당부의 말을 했다.

"여보, 상트페테르부르크에 계신 공작님께 표트르를 잘 좀 부탁한다고 꼭 전해 주세요."

"무슨 소리를 하는 거요?"

"표트르가 입대할 근위대의 상관에게 편지를 쓰려는 게 아닌가요?"

"근위대라니? 저 녀석은 군대가 어떤 곳인지 똑바로 알아야 해. 그러기 위해서는 맨 밑바닥부터 차근차근 올라가야 해. 험한 곳에 가서 고생을 해야 진정한 이 나라의 군인이 될 수 있어."

아버지의 강한 말투에 어머니는 다시금 시름에 빠졌다.

'아아, 집에서 아무 부족함 없이 지내던 철부지가 과연 그 험한 군대 생활을 해낼 수 있을까?'

하지만 한번 작정한 일은 무엇이든지 하고야 마는 아버지의 성격을 잘 알고 있는 어머니는 더 이상 불평하지 않았다. 아버지는 어머니가 가져다 준 종이에 열심히 무언가를 적고 계셨다.

"표트르, 이리 오너라."

편지를 다 쓴 아버지는 멍하게 있는 나에게 손짓을 하셨다.

"이 편지를 잘 간직해라. 나와 가깝게 지내던 안드레이 카를로비치 장군에게 보내는 글이다. 내일 날이 밝는 대로 오렌부르크로 출발하도록 해라."

"예……."

얼마 전까지만 해도, 집을 떠나 새로운 생활을 해 본다는 일을 즐겁게도 생각했지만 지금은 그렇지 않았다.

'오렌부르크라면 아주 험한 곳인데. 아, 내가 꿈꾸던 생활은 이게 아닌데. 이제 와서 아버지의 말씀을 거역할 수도 없는 노릇이고.'

내키지 않는 마음을 감추고 아버지의 명령대로 따를 수밖에 없었다. 그날 밤, 나는 침대에 누워 몸을 뒤척이며 잠을 이루지 못했다.

다음 날, 눈을 뜬 나는 현관 앞에 벌써 마차가 와 있는 것을 보았다. 부모님 곁을 떠나 낯선 곳으로 가야 한다는 사실이 새삼 실감이 났다. 어머니는 서운한 마음을 감추고 정성스럽게 내 짐을 꾸려 주셨다.

"표트르, 걱정 마라. 항상 하느님이 네 곁에서 너를 지켜 주실 게다. 사벨리치에게 단단히 당부해 두었으니, 일이 생기면 그와 의논해라."

"어머니 기대에 어긋나지 않도록 훌륭한 장교가 되어 돌아오겠어요."

나는 불안한 마음을 억누르고 어머니께 미소를 지어 보였다. 아침 식사를 마친 나는 현관으로 나와 부모님과 작별 인사를 나누었다.

"어제 당부한 대로 군대란 집과는 다른 곳이다. 무조건 명령에 복종해야 하며 근면, 성실해야 한다. 알겠느냐?"

"예."

아버지의 간단한 인사가 끝나자, 나와 사벨리치는 곧바로 마차에 올랐다. 어머니의 슬픈 얼굴을 뒤로 한 채 마차는 곧 출발했다.

마차는 하루를 달려 심비르스크란 곳에 도착했다. 사벨리치와 나는 그 곳에서 하룻밤을 보내기로 한 뒤, 여관에 방을 잡았다.

"도련님, 몇 가지 물건을 사야겠어요. 잠시 나갔다 올게요."

"알았네."

사벨리치가 나간 뒤 나는 잠시 방에 앉아 있다가 갑갑한 생각이 들어 여관의 이곳 저곳을 기웃거렸다. 한 곳에 이르러 안을 들여다보니, 몇몇 사람들이 당구를 치는 것이 눈에 띄었다.

호기심에 안으로 들어간 나는 잠시 당구 게임을 구경했다. 진지한 얼굴로 게임에 빠져든 것을 보니 아마도 내기 당구인 것 같았다.

'저 키가 큰 사람이 이기고 있는 것 같군. 맞은편 사람은 거의 울상이

되어 가고 있는 걸 보니 말이야.'

내 짐작대로 곧 게임이 끝나고 키가 큰 사나이가 상대편으로부터 돈을 건네받았다. 키 큰 사나이는 얼른 주머니에 돈을 집어넣고는 주변을 두리번거렸다. 그러다가 나와 눈이 마주치자 내게 말을 걸어왔다.

"나와 당구 한 게임 하겠소?"

"죄송합니다만, 전 당구를 칠 줄 모릅니다."

공손히 거절을 하고 돌아서려는데 그가 다시 말을 붙였다.

"아, 난 나쁜 사람이 아니오. 내 이름은 이반 이바노비치 주린 대위로 상관의 명령을 받고 잠시 이 곳에 머물고 있을 뿐이오."

대위라는 그의 말에 나는 다시 뒤돌아섰다.

"그러셨군요. 제 이름은 표트르 안드레비치로 지금 군대에 입대하기 위해 가는 도중이었습니다."

"그렇다면 내가 도움을 줄 수 있을 것 같군. 이렇게 만난 것도 인연인데 차라도 한잔 합시다."

주린 대위의 말대로 나는 그와 함께 이야기를 나누었다. 그는 군대 생활과 더불어 자신이 겪은 일들을 재미나게 들려 주었다.

"하하하! 정말 그랬나요?"

"우습지요? 하지만 그 때는 정말 눈앞이 캄캄했소."

솔직한 성격의 주린과 나는 금세 친해질 수 있었다.

"참, 군대 생활에서 빼놓을 수 없는 게 한 가지 더 있는데, 그게 뭔지 아시오?"

"글쎄요……."

"조금 전에 당신이 보았던 당구요. 군인의 생활이라는 것이 늘 긴장된 시간만 있는 것은 아니오. 무료한 시간을 보내기 위해서 반드시 필요한 오락이 바로 당구란 말이오. 당신도 입대하기 전에 꼭 배워

놓는 게 좋을 거요."

군대 생활에 어느 정도 익숙한 주린이 충고하는 말이라 나는 그의 말 그대로 믿지 않을 수 없었다.

"그럼 내게 당구를 치는 것을 가르쳐 주겠어요?"

"물론이오. 당장 당구대로 갑시다."

주린이 가르쳐 주는 대로 나는 열심히 당구를 배웠다.

"정말 잘 하는군요. 누가 당신을 당구를 처음 쳐본다고 하겠소?"

그는 입에 침이 마르도록 나를 칭찬해 주었다. 나는 어깨를 우쭐대며 점점 당구에 재미를 붙였다.

"이제 돈을 걸고 내기 게임을 합시다."

"네? 그건 좀……."

"원래 당구라는 것은 그냥 치면 재미가 없소. 당구 실력도 돈을 걸고 시합을 해야만 느는 것이오. 한 게임당 진 사람이 반 코페이카(1루블의 100분의 1)씩 내기로 합시다."

그 정도의 돈이라면 노름을 하는 것이 아니라고 간단히 생각한 나는 고개를 끄덕여 승낙을 했다. 곧 게임이 시작되었다.

"어이, 주인장. 여기 술 좀 가져오시오."

주린은 술을 시킨 뒤, 내게도 마실 것을 권했다.

"전 별로 술을 좋아하지 않습니다만……."

"당신은 앞으로 군인이 될 사람인데 이 정도도 마실 줄 모르면 곤란하지. 자, 연습이라 생각하고 어서 쭉 마셔요."

마지못해 두 눈을 질끈 감고 나는 술을 들이켰다. 처음에는 목이 타는 것 같았지만 한 잔, 두 잔 마시니 기분이 좋아지는 듯했다. 술을 마시며 주린과 당구 시합을 하니 정신을 차릴 수가 없었다.

결국 술에 취한 나는 주린이 당구 한 게임당 돈을 점점 많이 걸어도

반대하지 않고 그가 하는 대로 끌려가고 있었다. 그렇게 몇 시간이 흘렀는지 몰랐다.

"표트르 안드레비치, 밤이 꽤 깊은 것 같은데 이제 당구는 그만 하기로 하지. 흠, 자네가 내게 주어야 할 돈은 백 루블이네."

주린은 대충 계산을 해 보더니 이렇게 말했다. 술김에도 나는 정신이 번쩍 들어 큰 소리로 물었다.

"지금 뭐라고 했나요?"

"자네는 내게 백 루블을 갚아야 한다고 말했네. 조금 전까지 한 당구 게임에서 자네가 내게 진 빚일세."

난 백 루블이나 잃었다는 것에도 깜짝 놀랐지만, 당장 가진 돈이 없었기 때문에 더욱 당황스러웠다.

"내 주머니에는 한 푼도 없는데……."

"뭐야?"

조금 전까지 내게 보여 준 친절한 주린의 모습은 이미 온데 간데 없고, 험악한 그의 표정만이 나를 위협하고 있었다.

"사실은 나와 같이 온 하인 사벨리치가 돈을 관리하고 있소. 내게 시간을 주면 분명 그 돈을 갚겠소."

"좋아. 그 말이 사실이라면 하루 정도는 기다려 주지. 내일 사람을 보낼 테니 돈을 준비해 두도록 하게."

주린은 나와 단단히 약속을 한 뒤, 나를 부축하여 내가 있던 방으로 걸음을 옮겼다. 비틀대며 방을 찾던 나와 주린을 발견한 것은 다름 아닌 사벨리치였다.

"아니, 도련님 아니세요?"

한달음에 달려온 사벨리치는 술 취한 날 보고는 눈이 휘둥그레졌다.

"도대체 이게 웬일입니까? 전에는 입에 대지도 않던 술을 몸을 가누

지도 못할 정도로 마시다니."

사벨리치는 내 곁에 있던 주린을 발견하고는 냅다 호통을 쳤다.

"자네가 우리 도련님을 이 지경으로 만들었나? 이런 망할 놈의⋯⋯."

"그만둬! 이 사람은 아무 상관이 없어. 내가 마시고 싶어 그랬던 거야. 어서 나를 데리고 방으로 올라가."

이미 제정신이 아닌 나였지만 주린 앞에서 창피한 생각이 들어 사벨리치에게 도리어 고함을 질렀다. 사벨리치는 나를 부축하여 방으로 올라왔고 나는 그대로 침대에 누워 잠이 들고 말았다.

다음 날 두통이 심해 잠에서 깬 나는 주변을 두리번거렸다. 그제야 내가 집을 떠나 낯선 곳에 와 있다는 것과 어제 일이 떠올랐다.

"도련님, 일어나셨군요. 몸은 좀 어떠세요?"

"휴, 머리가 몹시 아파."

"그럴 만도 하지. 어젯밤 그토록 술을 마셔 댔으니 말이에요. 만약 주인 나리께서 이 일을 아셨다면 가만 있지 않을 텐데. 집안 사람 중에 정신을 잃을 정도로 술을 마셔 대는 사람은 없었는데, 이게 무슨 일이란 말예요!"

사벨리치의 잔소리는 점점 더해갔다. 사실 내가 잘한 것은 없었지만 하인의 잔소리가 길어지자 그만 짜증이 났다.

"제발 그만 해! 그러잖아도 머리가 아파 죽겠는데, 자네까지 왜 그리 말이 많은 거야."

"도련님, 전 잔소리를 하려는 게 아니라 술은 인생에 아무런 도움이 되지 않는다는 것을 말씀드리려는 것 뿐인데⋯⋯."

"알았어. 앞으로 주의할게."

이 때 문밖에서 누군가 문을 두드리는 소리가 들려왔다. 곧 한 소년이 들어와 편지 한 장을 내밀었다. 편지를 보낸 사람은 주린으로, 어제 당구 게임에서 진 빚을 소년에게 보내 달라는 내용이었다.

"사벨리치, 돈 가진 것 있지? 백 루블만 주게."

"뭐하시려고요?"

"어제 나를 부축하고 왔던 주린이란 사람에게 빚을 졌어. 이 소년에게 돈을 주어 돌려보내도록 해."

"아니, 지금 무슨 말씀을 하시는 거예요? 하룻밤에 백 루블이란 돈을 빚 지다니요!"

나는 어제 있었던 일을 간단히 이야기해 주었다. 사벨리치는 내 말이 끝나자 조금 전보다 더 나를 꾸짖었다.

"세상에, 술에다가 노름까지 하셨단 말인가요? 도대체 어쩌려고 그럽니까? 전 노름으로 진 빚은 갚아 드릴 수 없습니다!"

"이봐, 사벨리치. 자네 지금 뭔가 단단히 잘못 생각하고 있군. 난 자네의 주인이란 말이야. 왜 내게 아버지와 같은 행세를 하려고 드는 거지? 돈은 자네가 보관만 하고 있을 뿐 내 돈이란 말이야. 어째서 내 마음대로 돈을 쓸 수가 없다는 거야?"

"도련님, 제 말은 그게 아니라……."

나는 더 이상 사벨리치가 내 일에 이래라 저래라 간섭하게 놔 두어서는 안 되겠다고 마음먹었기 때문에 이 기회에 강력하게 밀고 나갔다.

"시끄러워! 어서 돈을 가져오란 말이야."

그 역시 더 이상 나를 말릴 수 없다고 생각했는지 아무 말도 하지 않고, 돈을 꺼내 주린의 심부름을 온 소년에게 주었다.

어깨가 축 처진 사벨리치는 서둘러 짐을 챙겨 나와 함께 마차에 올랐다. 여관을 출발한 마차가 속력을 내어 달리는 동안 나는 마음속으로 반성을 했다.

'그래, 어제 내가 술을 마시며 노름을 한 행동은 누가 보아도 잘못한

일이야. 게다가 아무 죄도 없는 사벨리치만 마구 혼냈으니 도대체 내가 왜 이러는 걸까?'

아무 말도 없이 내 옆에 앉아 있는 사벨리치를 옆눈으로 바라다보던 나는 살며시 말을 꺼냈다.

"저……."

"제게 하실 말씀이라도 있나요?"

"사벨리치, 여관에서 내가 한 말에 너무 마음 쓰지 말게. 자네가 한 말은 사실 모두 맞는 말이네. 내 행동이 너무 부끄러워 오히려 자네에게 화를 낸 거야."

그제야 사벨리치의 굳었던 얼굴이 스르르 풀리는 듯했다.

"도련님께서 그렇게 말씀하시니 뭐라 대답해야 할지 모르겠어요. 사실 저도 여관에서 있었던 일을 생각하고 있었어요. 이 모두가 어제 도련님을 혼자 내버려 둔 채 여관을 비운 제 잘못 때문이에요."

"아니야, 자네는 아무 잘못이 없어. 그리고 다시는 돈을 건 노름은 하지 않을 거야. 물론 한 푼의 돈도 헛되이 쓰지 않을 테니 걱정 마."

잘못을 인정하고 용서를 비는 나를 사벨리치는 기쁜 얼굴로 바라보며 고개를 끄덕였다. 나 역시 지난 밤의 실수를 통해 값진 교훈을 얻은 느낌이었다.

아버지가 가르쳐 준 군대가 멀지 않았지만, 날은 점점 어두워지고 주변은 온통 눈으로 뒤덮인 골짜기만 보였다.

"어쩌지? 아무래도 길을 잘못 든 것 같아."

"그러게 말이에요. 도착할 곳이 얼마 남지 않은 것 같은데, 도무지 이곳이 어딘지 알 수가 없으니."

마차 안에서 사벨리치와 이야기를 나누고 있으려니, 곧 마차가 멈추었다. 마차의 창문 안으로 마부가 얼굴을 들이밀었다.

"죄송하지만 더 이상 앞으로 나갈 수가 없어요."

"그래?"

"길이 온통 눈으로 뒤덮인 데다가 아무래도 금방 눈보라가 몰아칠 것 같아요."

"이거 참, 큰일이로군. 하지만 여기서 다시 돌아간다는 것도 어려운 일인데."

나는 마차에서 내려 하늘을 바라보았다. 구름이 몰려 있기는 했지만 금방 눈이 쏟아질 것 같지는 않았다.

'말을 더 빨리 몰아 근처에 있는 마을이라도 찾는 게 낫겠어.'

곧 마차는 전속력으로 달리기 시작했다. 하지만 얼마 안 가 내 판단이 잘못됐다는 것을 알아차렸다. 소리 없이 내리기 시작한 눈은 심한 바람과 더불어 펑펑 쏟아져 내리고 있었다.

"도련님, 큰일입니다. 이제 앞이 안 보일 정도로 눈보라가 휘몰아쳐요. 조금 전 마부의 말대로 오던 길로 돌아갔어야 했는데……."

"……."

아무런 대꾸도 하지 못한 채 마차 안에 앉아 있는데, 아니나다를까 마차가 그 자리에 멈춰서 앞으로 나가지 못했다.

"나리, 앞이 보이지 않아 마차를 몰 수가 없어요."

"알았네. 그럼 잠시 눈이 멎을 때까지 기다려 보세."

사벨리치 역시 나를 따라 마차 안에서 내렸다. 나는 근처를 돌아다니며 혹시라도 길 안내판이라도 있을까 봐 주위를 두리번거렸다.

"휴, 언제 이 지긋지긋한 눈이 그칠지도 모르고……. 이러다가 얼어 죽는 거나 아닌지 모르겠어."

사벨리치는 혼자 중얼거리며 나를 원망하는 듯했다. 예기치 않은 날씨에 나 역시 어쩔 줄을 몰라 허둥댈 뿐이었다. 주변에서 아무것도 발

견하지 못한 채 마차가 있는 곳으로 다시 돌아왔다.

"어? 저게 뭘까?"

"뭐가 보인다는 겁니까?"

"저기……. 저 쪽에 무언가 움직이는 게 보여. 마부! 얼른 말을 몰아 저리로 가 보세."

당장 지푸라기라도 잡고 싶은 심정이었던 내 눈에 비친 그 물체는 사람처럼 보였다. 투덜대는 사벨리치와 함께 잠시 후, 어렴풋이 보이던 장소에 도착했다.

"사람이 틀림없군. 여보시오! 말 좀 물읍시다."

나는 반가운 마음에 낯선 사람에게 소리쳤다. 마차가 가까이 다가가자 사나이는 그제야 고개를 돌려 우리를 발견했다.

"무슨 일이오?"

"눈 때문에 길을 잃었소. 어디로 가야 마을로 갈 수 있는지 좀 가르쳐 주시오."

"마침 잘 됐소. 나도 이 눈보라 속을 걸어가려니 죽을 지경이었소. 이 쪽 지리는 잘 알고 있으니 내가 안내하리다."

그 사나이는 잽싸게 마차에 올라 마부 곁에 앉았다. 그러고는 잠시 주변을 두리번거렸다.

"저 쪽이 틀림없어. 자, 오른쪽으로 마차를 몰아요."

마부는 의심쩍은 눈빛으로 그를 바라보았지만, 지금 상황에서는 우선 낯선 사나이의 말을 믿어 보는 수밖에 없었다.

오른쪽으로 마차를 몰고 가는 동안 구덩이에 마차 바퀴가 빠지는가 하면 미끄러지기도 여러 번했다.

"이 쪽으로 가는 게 맞기나 한 거요?"

"그렇소. 연기 냄새가 나는 걸 보면 마을이 멀지 않았다는 증거요. 수

고스럽지만 내 말을 믿고 어서 말을 몰아요.”

마부는 낯선 사나이에게 말을 걸어 다시 한 번 확인을 했다. 그 사이 마차 안에서 이리저리 흔들리며 막연한 두려움에 휩싸여 있던 나는 졸음이 쏟아졌다.

'아, 저기가 어디지?'

점점 꿈속으로 빠져든 나에게 멀리 낯익은 집이 보였다.

'저 분은 어머니. 그래, 어머니가 틀림없어.'

반가운 마음에 단숨에 어머니가 계신 집으로 들어선 나는 그 자리에 멈춰 서고 말았다. 몹시 우울한 표정으로 어머니는 나를 맞아 주셨다.

“어머니, 왜 그러세요? 제가 돌아온 것이 기쁘지 않나요?”

“얘야, 아버지가 몹시 아프시단다. 어서 들어가자.”

나는 너무 놀라 곧 아버지가 누워 계신 방으로 서둘러 들어갔다. 침대 곁으로 다가간 나는 아버지의 모습을 보기 위해 고개를 숙였다.

“앗!”

짧은 비명을 지르며 나는 뒤로 한 걸음 물러섰다. 침대 위에 있는 사람은 아버지가 아니었기 때문이다.

“아니에요, 저 분은 아버지가 아니야. 저 사람은……”

아버지의 침대에 누워 있는 사람은 휘몰아치는 눈보라 속에서 발견한 낯선 사나이였다. 나는 몸을 덜덜 떨며 어머니의 손을 뿌리치고는 집을 뛰쳐나왔다.

“도련님! 도련님!”

멀리서 누군가 부르는 소리에 나는 화들짝 놀라며 잠이 깼다.

“아!”

“왜 그러세요? 악몽이라도 꾸신 건가요?”

눈을 뜨니 사벨리치가 걱정스러운 눈길로 나를 바라다보고 있었다.

"눈보라 속에서 몸과 마음이 온통 지쳐 버렸기 때문일 거예요. 어서 내려서 언 몸을 녹이도록 하세요."

"그럼 마을을 찾았단 말인가?"

"예, 다행히 마을 근처에 있는 여관을 발견했어요."

안도의 한숨을 내쉰 나는 곧 마차에서 내려 여관으로 들어갔다. 여관집 주인은 카자흐 출신으로 노인이었다.

"어서 오십시오. 이런 날씨에 무척 고생하셨겠소."

"주인장, 우리 도련님에게 줄 차를 먼저 준비해 주시오."

사벨리치의 부탁을 들은 여관집 노인은 차를 준비하기 위해 안으로 들어갔다. 여관은 그리 큰 편은 아니었지만 깨끗해 보였다.

방으로 들어가 몸을 녹이고 있으려니 노인이 곧 따뜻한 차를 끓여 내왔다. 나는 주변을 둘러보았다.

"참, 우리를 이 곳까지 안내해 주었던 사나이는 어디로 갔나?"

"아마 밖에 있을 겁니다."

"저런, 어서 이 곳으로 데리고 오게."

사벨리치는 밖으로 나가 길을 안내해 주었던 사나이를 데리고 들어왔다. 그 사나이는 몹시 추운지 몸을 웅크리고 있었다.

"자, 어서 따뜻한 차 한잔 들게. 이 곳까지 오게 된 것도 다 자네 덕분이니 말이야."

"고맙소."

차를 마시는 그 사나이의 모습을 나는 천천히 살펴볼 수 있었다. 키는 중간 정도에 제법 좋은 체격을 가지고 있었다. 턱수염이 군데군데 있는 약간 검은 얼굴이 그리 착해 보이는 인상은 아니었지만, 번득이는 두 눈은 무언지 모를 강인함이 엿보였다.

"옷이 무척 추워 보이는군."

"헤헤, 어제 저녁에 술 한잔이 생각나 가지고 있던 외투를 맡기고 마셔 버렸지요."

사나이는 아무렇지도 않은 듯 솔직히 대답했다.

"나리, 아무래도 차를 마시는 것으로는 몸이 풀리지 않는군요. 독한 술이라도 한잔 마셔야 할 것 같은데요."

나는 여관집 노인을 불러 술이 있는지를 물어 보았다.

"예, 있기는 합니다만……."

여관집 노인은 이렇게 대답하면서, 옆으로 슬쩍 우리에게 길을 안내해 준 사나이를 쳐다보았다. 그러고는 고개를 갸우뚱거렸다.

"왜, 아는 사람이오?"

"예? 아니……."

"난 또 주인장이 갸웃거리며 저 사람을 쳐다보길래 아는 사람인 줄 알았지. 어서 저 사람에게 술을 가져다 주시오."

"그러죠."

아직도 미심쩍은 게 있는지 여관집 주인은 그 사나이를 힐끔거리며 밖으로 나갔다. 잠시 후, 가져온 술을 보자 그는 매우 만족한 얼굴로 주저하지 않고 한 잔 들이켰다. 옆에서 이를 지켜보던 사벨리치는 못마땅한 얼굴이었다. 점점 밤이 깊어가고 우리는 다시 여관에서 하룻밤을 묵었다. 모두들 지쳐 있었던 터라 세상 모르게 곯아떨어졌다.

다음 날 눈을 뜨자 벌써 날이 환했다. 사벨리치는 벌써 일어나 짐을 정리하고 있었다. 나는 창가로 가서 밖을 내다보았다.

"와! 드디어 눈이 그쳤군."

"도련님, 떠날 준비가 끝났어요."

"알았어. 그럼 가서 여관집 주인에게 돈을 계산하고 오게. 아 참, 그 전에 우리를 여기까지 안내했던 사나이에게 돈을 주도록 해."

"옛? 저 사람에게 돈을 주라니요? 어젯밤 따뜻한 방에서 재워 주고 음식까지 먹여 주었으면 됐지 뭘 더 주라는 겁니까?"

사벨리치는 깜짝 놀라며 손을 내저었다.

"그러지 말고 50코페이카만 쥐어 주게."

"만나는 사람마다 그렇게 인심을 쓰다가는 우리가 가진 돈은 금세 바닥이 날 겁니다. 그냥 모른 체하고 어서 떠납시다."

당구 게임을 하느라 헛되이 많은 돈을 써 버린 탓으로 사벨리치에게 돈을 내놓으라고 할 수가 없는 처지였다.

'그래도 저 사나이가 아니었더라면 우리는 아직도 눈보라가 휘몰아치는 곳에 발이 묶여 있었을지도 모르는데. 이대로 모른 척 떠나 버릴 수는 없어.'

난 얼른 주머니에 손을 넣어 혹시 가진 돈이 있나 확인해 보았다.

"할 수 없군. 내가 가진 돈이 없으니 이 토끼털 외투라도 가져 가게."

곧 걸치고 있던 내 외투를 벗어 사나이에게 건네 주려고 하자, 사벨리치는 기겁을 하며 말렸다.

"아니, 지금 뭐하시는 거예요? 이 비싼 외투를 저 사람에게 주다니. 도련님이 이렇게 친절을 베풀어도 저 사람은 아마 여관문을 나가는 즉시 술집으로 달려가 외투를 맡기고 술을 마셔 버릴 거예요!"

그러자 손을 내밀어 외투를 받으려던 사나이가 벌컥 화를 냈다.

"아니, 이 영감이 지금 나더러 술주정뱅이라고 놀리고 있네. 당신의 주인 나리가 내게 길을 안내해 준 보답을 하겠다는데 웬 참견이야. 그리고 외투를 준 이상 내가 술을 마시러 가든지 팔아먹든지 당신이 무슨 상관이야?"

"도련님, 이 놈이 말하는 것을 들으셨죠. 어째서 이런 놈에게 사람 대접을 해 주려고 하십니까?"

점점 두 사람의 목소리가 커지자 나는 가만히 있어서는 안 되겠다고 생각했다.

"그만둬! 이 외투는 내가 이 사람에게 주는 것이니 간섭하지 마. 자, 어서 받으시오."

"아, 당신은 정말 훌륭한 분이십니다."

입이 다물어지지 않을 정도로 만족한 사나이는 토끼털 외투를 건네받은 즉시 입어 보기 시작했다.

"쯧쯧……. 어디 몸에 맞기라도 해야 말이지."

한 쪽에서 퉁명스런 얼굴로 중얼거리고 있는 사벨리치의 말처럼 내 외투는 사나이에게 작았던지 겨드랑이 부분에서 실밥이 터지는 소리가 났다. 사나이는 얼른 내 눈치를 보며 혹시라도 돌려 달라고 할까 억지로 껴입었다.

"나리, 참 따뜻하네요."

"그렇다면 다행이군."

사나이는 연신 머리를 조아리며 고맙다는 인사를 했다. 여관 문을 나선 나와 사벨리치는 곧 준비해 둔 마차에 올랐다.

"나리, 그럼 안녕히 가십시오. 이 외투는 정말 고맙습니다. 언젠가 다시 만날 날이 있으면 꼭 보답하겠어요."

"자네도 몸조심하게."

나는 마차의 창문 밖으로 사나이에게 손을 흔들어 주었다.

"쳇, 보답은 무슨 보답? 다시 손이나 안 내밀면 다행이지."

사벨리치는 아직도 토끼털 외투를 준 것에 대해 화가 안 풀렸는지 투덜댔다.

우리가 탄 마차는 속력을 내서 마침내 오렌부르크에 도착했다.

"드디어 도착했군. 이제 안드레이 카를로비치 장군 댁을 찾아야겠군.”

“도련님, 어서 가요.”

안드레이 카를로비치 장군은 머리가 하얗게 센 노인이었다. 하지만 몸에 밴 군인다움은 여전했다.

“처음 뵙겠습니다. 저는 안드레이 페트로비치의 아들인 표트르 안드레비치입니다.”

나는 노 장군에게 인사를 한 후 아버지의 편지를 건넸다.

“반갑네. 안드레이 페트로비치가 어느 새 이렇게 큰 아들을 두었다니. 하긴 나도 이렇게 백발 노인이 되었으니…….”

노 장군은 옛날 일을 회상하며 아버지가 쓰신 편지를 천천히 읽어 내려갔다.

“흠, 자네 아버지가 단단히 결심을 하신 모양이군. 혹시 이 편지 내용을 자네도 알고 있나?”

“편한 군대 생활이 아니라는 것은 대강 짐작하고 있습니다만, 편지 내용이 어떻다는 것은 잘 모르겠습니다.”

노 장군은 미소를 머금고 나를 바라다보았다.

“자네 아버지는 여전하신 것 같군. 하나뿐인 귀한 자식을 가장 힘든 부대에 넣어 달라고 부탁한 걸 보면 말이야. 각오는 돼 있나?”

나는 어쩔 줄을 몰라 장군의 물음에 금방 대답을 할 수 없었다.

‘휴, 도시에서 멀리 떨어진 시골을 찾아오기까지도 힘이 들었는데, 여기서 더욱더 고된 군대 생활을 해야 하다니. 도대체 아버지는 나를 왜 이렇게 힘들게 하는지 모르겠어.’

이런 내 마음을 눈치라도 챘듯이 장군은 덧붙여 말했다.

“자네는 내일 벨로고르스크 요새가 있는 곳으로 가게. 그 곳에 가면 미로노프 대위가 자네를 맞아줄 걸세. 그 사람은 진정한 군인이라고 할 수 있지. 앞으로 겪어 보면 알겠지만 성실하고 올바른 사람이야."

"명령대로 하겠습니다."

아버지께서 말씀하신 대로 군대는 명령에 무조건 복종해야 된다는 생각에 나는 씩씩한 소리로 이렇게 대답했다.

그 날 사벨리치와 나는 장군과 함께 식사를 한 뒤, 잠자리에 들었다.

'이제 내일부터 나도 군인이 되는구나. 내가 잘 해낼 수 있을까? 왠지 내 일생의 일부를 아버지에게 맡겨놓은 것 같아.'

우울한 마음에 새벽녘이 되어야 잠이 든 나는 날이 밝자 장군에게 인사를 하고 곧바로 벨로고르스크 요새를 향해 마차를 몰았다.

마리아와의 만남

오렌부르크에서 말을 몰아 40킬로미터쯤 가니 벨로고르스크 요새가 서서히 눈에 보이기 시작했다. 야이크 강 너머로 키르기스 초원이 펼쳐져 있어 더 황량해 보였다.

"도련님, 이제 거의 다 온 것 같군요."

"그래."

내가 가야 할 곳이 국경 지방 근처에 있는 요새라고 생각하니 적들이 함부로 넘나들지 못하도록 성벽이나 보루(돌이나 흙 같은 것으로 쌓아 놓은 진지) 같은 것이 있을 것이라고 생각했다.

"사벨리치, 노 장군이 말한 곳이 이 근처 같은데 어째서 요새 같은 느낌이 들지 않고 허허벌판만 보이지?"

"글쎄요. 저도 조금 전부터 그 생각을 하고 있었습니다만."

조금 있으려니 마차가 멈춰 서고 마부의 목소리가 들려왔다.

"이제 내리십시오. 이 곳이 벨로고르스크입니다."

사벨리치와 나는 마차에서 내리면서 주변을 둘러봤다. 눈을 씻고 사방을 둘러봐도 그 곳에는 통나무 울타리가 대충 둘러져 있는 작은 마을 외에는 보이는 것이 없었다.

"마부, 여기가 벨로고르스크 요새가 맞나?"

"예, 저기 보이는 목조 건물이 바로 이 곳을 관리하고 계신 대위님의 집입니다."

사벨리치와 함께 마을로 들어선 내 눈에 제일 먼저 들어온 물건은 녹슬고 낡은 대포였다.

'허참, 난 요새라고 해서 삼엄한 경비로 지키고 있으려니 생각했는데 내 생각과는 전혀 딴판이네.'

마을 입구를 지나니 방앗간의 지붕이 무거운 눈더미에 못 이겨 거의 내려앉을 판이었다. 좁은 길을 따라 초가 지붕의 집들이 군데군데 서 있었다. 마부가 가르쳐 준 목조 건물에 이르러 문을 열고 들어섰다.

"실례합니다."

이 건물의 접대실쯤 되어 보이는 곳에, 몸이 조금 불편해 보이는 군인 한 명이 바느질을 하고 있었다.

"미로노프 대위님을 뵙고자 합니다."

"아, 그렇습니까? 저를 따라 오십시오."

안내를 받아 내가 들어선 곳에는 한 부인이 뜨개질 실을 감고 있느라 정신이 없었다. 방에는 대위 임명장과 몇 가지 그림이 걸려 있었다.

"저, 손님이 찾아오셨습니다."

그제야 고개를 든 부인은 나를 발견하고는 궁금한 듯이 물었다.

"어떻게 오셨나요?"

"안드레이 카를로비치 장군으로부터 이 곳에서 근무하라는 명령을 받고 미로노프 대위님께 신고하러 왔습니다."

"아, 그러셨군요. 우선 여기 좀 앉으시죠. 대위님은 지금 일이 생겨 외출 중이어서 이 곳에 안 계십니다. 전 대위님의 안사람입니다."

미로노프 대위의 부인은 남편 대신 내 일을 봐 줄 하사 한 사람을 불러오도록 지시를 내렸다. 그 때까지 옆에 서 있던 안내인이 나에게 궁금한 듯 물었다.

"여기 오기 전까지 다른 곳에서 근무하신 적이 있나요?"

"네?"

나는 안내인의 물음에 솔직히 대답하려다 갑자기 장난기가 발동했다.

"이 곳에 오기 전에 근위대에 있었소."

"정말이요? 그런데 어쩌다가 여기까지 오게 됐을까? 혹시 무슨 좋지 않은 일이라도 저지른 것은 아닌가요?"

안내인은 마침 따분했는지 내게 관심을 보이며 궁금해했다. 아마 사벨리치가 내 곁에 있었더라면 가만 있지 않았을 것이다.

마땅히 안내인의 물음에 대답할 말이 떠오르지 않아서 잠시 주춤하는 순간, 대위의 부인이 나섰다.

"이봐요, 저 젊은이는 낯선 곳에 금방 도착해서 몹시 지쳐 있을 거예요. 그런 질문은 짐을 푼 다음에, 쉬고 난 뒤에 해도 늦지 않을 테니 이제 그만 하도록 하세요."

"헤헤, 오랜만에 낯선 사람을 보니 반갑기도 하고 해서……."

안내인은 민망한지 머리를 긁적이며 방을 나가 버렸다. 부인은 다시 내게 몸을 돌려 위로의 말을 해 주었다.

"당신이 여기 오기 전에 어떠한 곳에 있었다고 하더라도 지금은 아무 상관이 없어요. 처음 이 곳에서 근무하라는 명령을 받았을 때는 황당한 기분도 들었을 거예요. 하지만 여기도 지내다보면 그리 나쁘지 않을 테니 너무 걱정하지 말아요."

부인은 내가 아무런 대답도 하지 않고 가만히 앉아 있자 여기에 온 다른 사람 이야기를 들려 주었다.

"흠, 한 5년쯤 전인가? 알렉세이 이바니치 시바브린이란 젊은이가 같은 부대에 근무하던 중위와 결투를 하다가 그만 사람을 죽이고 말았어요. 결국 시바브린은 죄의 대가를 치르기 위해 이 곳으로 쫓겨왔다오. 순간적으로 누구든 죄를 지을 수 있지. 원래부터 나쁜 사람은 없는 법이에요."

마침 부인이 불렀던 하사가 문을 열고 들어섰다.

"부르셨습니까?"

"오, 막시미치로군. 오늘 온 이 장교분을 숙소로 안내해 드려요. 아참, 그런데 이름이 뭐라고 그랬죠?"

"표트르 안드레비치입니다."

나는 부인에게 간단히 인사를 하고 하사를 따라 내 숙소로 향했다. 강 언덕에 위치한 집은 밖에서 보기보다 훨씬 깨끗했다.

"자, 여기가 앞으로 당신이 묵을 숙소입니다."

방 한 칸을 내가 쓸 수 있었기 때문에 나는 사벨리치와 함께 쓸 수 있도록 방 중앙에 칸막이를 설치했다.

"도련님, 이제 짐을 풀어야겠어요."

사벨리치는 부지런히 집에서 가지고 온 짐을 숙소에 풀어놓은 뒤 정리하기 시작했다. 그 동안 나는 방 안에 난 작은 창문을 통해 밖을 내다보았다.

'아, 끝없이 펼쳐진 저 황량한 벌판은 너무도 쓸쓸해 보이는구나. 이 곳에서 내 젊은 시절을 무료하게 보내야 한다니.'

마을 한 쪽에는 모이를 쪼아 대는 몇 마리의 닭과 돼지들이 드문드문 보였다. 한 동안 생각에 잠겨 있느라 사벨리치가 부르는 소리를 듣지

못했다.

"도련님!"

"응?"

"무슨 생각을 하길래 그렇게 불러도 대답이 없으십니까?"

"왜 미로노프 대위님이 볼일을 마치고 돌아오기라도 한 건가?"

"나 참, 이제 그만 식사를 하시라고 불렀어요."

"그랬군. 사벨리치, 미안하지만 난 별로 먹고 싶지 않아. 자네 혼자 어서 들게."

사벨리치는 기운 없는 말로 대답하는 나를 걱정스런 눈빛으로 바라보았다. 몇 번 더 권해도 나는 듣는 둥 마는 둥하며 침대로 가 누워 버렸다.

"휴, 저러시다가 병이라도 나는 건 아닌가 모르겠군."

그는 더 이상 아무 말도 하지 못하고 나를 내버려 두었다. 일찍 잠자리에 든 덕분에 나는 다음 날 일찍 잠자리에서 일어났다.

"도련님, 몸은 좀 어떠십니까?"

"푹 자고 났더니 한결 나아진 것 같아."

"그거 참 잘됐군요. 그럼 곧 식사를 올릴 테니 잠시 기다리십시오."

어깨를 들썩이며 밖으로 나간 사벨리치는 곧 아침 식사를 차려 가지고 들어왔다. 어제 끼니를 거른 탓인지 배가 고팠던 나는 음식을 맛있게 먹었다. 식사를 끝낸 후, 옷을 갈아입고 막 미로노프 대위가 있는 곳으로 나가려던 참이었다.

"똑똑!"

누군가 방문을 두드리는 소리에 사벨리치가 나가 보았다.

"누구를 찾아왔나요?"

"예, 여기가 표트르 안드레비치 장교가 계신 곳이 맞나요."

나를 찾아온 손님인 것 같아 앞으로 나서며 물었다.

"제가 표트르 안드레비치입니다만, 무슨 일인가요?"

"아, 당신이로군요. 저는 이 곳에 근무 중인 알렉세이 이바니치 시바브린이라는 군인입니다. 어제 새로운 군인이 도착했다는 말에 서둘러 보고 싶어서 이렇게 아침 일찍 찾아왔어요. 부디 무례한 행동을 너그럽게 봐 주시기 바랍니다."

그제야 나는 어제 대위의 부인이 내게 해 준 이야기가 생각났다.

'시바브린이라면 죄를 짓고 이 곳으로 쫓겨온 사람이로군.'

나를 찾아온 시바브린이라는 장교는 작은 키에, 군대 생활을 한 때문인지 제법 다부진 체격을 가지고 있었다. 검은 얼굴은 별로 잘생긴 편이 아니었다. 처음 만난 사람에게도 스스럼없이 이야기를 해오는 것을 보면 성격은 매우 활달한 편인 것 같았다.

"여기까지 저를 보러 와 주시다니 고마울 따름입니다."

"앞으로 이 곳에서 지내 보시면 알겠지만 다른 곳에서 사람이 오면 그렇게 반가울 수가 없어요."

이렇게 시작한 이야기는 한참 동안 계속되었다. 시바브린은 자신의 이야기를 농담을 섞어가며 실감나게 들려 주었다. 그의 이야기를 듣는 동안 나는 이 곳 사정을 좀더 자세히 알 수가 있었다.

"도련님, 밖에 누가 왔어요."

"들어오시라고 해."

시바브린과 나는 잠시 나누던 이야기를 멈추고 문 쪽을 바라보았다. 문이 열리고 군인 한 명이 들어왔다.

"대위님 부인께서 점심 식사에 맞추어 오시라고 하십니다."

"알았네."

심부름을 하러 온 군인이 돌아가고 난 뒤, 나는 시바브린과 좀더 이야기를 나누었다.

"시바브린, 저와 함께 갑시다."

그는 쾌히 승낙을 했다. 대위의 사택으로 가는 길에 마을 광장을 지나던 길이었다.

"하나! 둘! 하나! 둘!"

광장에는 구령에 맞추어 20명 정도의 군인들이 훈련을 받고 있었다. 별로 강인해 보이지 않는 군인들 앞에 위엄 있는 대장이 서 있었다.

"군인들을 훈련하고 있는 저 분은 누구시죠?"

"저 분이 바로 미로노프 대위님입니다. 아직 만나 뵙지 못했군요."

"예, 어제 사택에 계시지 않아서 아직 인사를 못 드렸어요."

시바브린과 내가 바라보고 있는 눈길을 느꼈던지 미로노프 대위는 곧장 우리가 있는 곳으로 다가왔다.

"아, 자네가 어제 새로 온 표트르 안……."

"안드레비치입니다."

"맞아, 지금은 내가 훈련 중이니까 집으로 가서 좀 기다리게."

"알겠습니다."

키가 크고 늠름한 대위는 적지 않은 나이에도 불구하고 매우 활기차 보였다. 군인의 품위를 지니고 있으면서도 무척 편안하게 대해 주었다.

곧 대위의 사택에 도착한 시바브린과 나는 대위의 부인 바실리사 예고로브나에게 정중히 인사를 드렸다.

"어서 오세요. 팔라샤, 이 분들께 자리를 마련해 드려. 그리고 마샤에게도 어서 나와 점심 식사를 하자고 일러."

하녀 팔라샤는 우리에게 의자를 내주고는 안으로 들어갔다. 잠시 후, 식사가 거의 차려지자 한 아가씨가 모습을 드러냈다. 내 나이쯤 되어 보이는 아가씨는 발그레한 볼을 가진 귀여운 모습이었다.

'아마 대위님의 딸인 마리아일 거야. 하지만 시바브린이 내게 저 아가씨에 관한 이야기를 할 때 몹시 멍청하다고 했는데, 내 눈에는 무척 야무져 보이는걸.'

마리아는 아직 대위님이 들어오지 않았음을 알고 한 쪽 구석에 자리를 잡고 바느질을 했다. 나는 시바브린이 내게 한 말이 생각나, 그녀에게 별로 관심을 두지 않았다.

"팔라샤! 어서 가서 대위님을 모셔 오너라. 이미 손님들도 모두 모였고, 식사도 벌써 준비되어 있다고 전해."

"금방 다녀올게요."

하녀 팔라샤는 부리나케 계단을 뛰어내려갔다. 그 동안 시바브린은 곁눈질로 마리아를 슬그머니 바라보고 있었다. 이를 아는지 모르는지 마리아는 잠자코 앉아 하던 바느질을 계속했다.

"아, 다들 모였군."

"여보, 이제 오시면 어떡해요?"

"미안하구려. 병사들 훈련 좀 시키느라 늦었소."

"저 카자흐 인들이야 훈련을 시키나 안 시키나 마찬가지잖아요. 기다리는 사람들 생각 좀 하셔야죠."

더 이상 변명을 해 보았자 아내의 말 재간을 당해낼 수 없다는 것을 안 대위는 그만 입을 다물어 버렸다. 대위의 부인은 오랜 생활 남편과 함께 군인들을 상대해 왔기 때문에 여장부 같았다.

곧 식탁에 둘러앉은 우리들은 맛있는 점심 식사를 했다. 식사를 하는 동안 대위의 부인은 여러 가지를 내게 물었다.

"표트르 안드레비치 장교의 부모님은 어떤 분이신가요?"

"아버님은 군인 중령으로 퇴역한 분입니다. 어머니는 집안은 어려웠

지만 귀족 집안의 딸이었죠."

"그럼 지금 하인들을 거느릴 정도는 되나요?"

"심비르스크 마을에 있는 모든 땅이 아버지의 소유로 일꾼들이 3백 명 정도 됩니다."

"와, 그게 정말인가요?"

대위의 부인은 부리고 있는 일꾼들의 숫자를 듣고는 하마터면 숟가락을 놓칠 뻔했다. 그러고는 부러운 눈길로 나를 바라보았다.

"말로만 듣던 부자가 정말 있군요. 우리 집에는 하인이라곤 팔라샤뿐인데 정말 대단하군요. 하지만 아직까지 하인이 적어서 힘든 적은 없었어요. 단지 걱정이라면……."

대위의 부인은 잠시 말을 멈추고는 마리아를 쳐다보았다.

"내 딸 마리아에게 결혼 예물을 해 줄 수 있는 게 별로 없다는 거예요. 돈 따위는 관심이 없는 진정한 사랑을 하는 사람을 만난다면 별로 문제 될 것도 없겠지만."

"어머니, 이제 그런 이야기는 그만……."

마리아는 처음 본 내 앞에서 자신의 이야기를 하는 것이 몹시 부끄러웠던지 이때까지 한 마디 말도 없다가 불쑥 이렇게 말했다. 내게도 책임이 있다 싶어 나는 얼른 다른 이야기를 꺼냈다.

"들리는 소문에 의하면 바시키르 인들이 이 곳을 노리고 쳐들어온다고 하던데, 그게 정말입니까?"

"그 이야기는 어디서 들은 건가?"

"이 곳에 오기 전에 오렌부르크에 머물고 있을 때, 몇몇 군인들로 부터 들은 이야기입니다."

"아마도 그들이 잘못 알고 있는 걸 거야. 바시키르 인이든 키르기스 인이든 우리를 상대할 만큼 힘이 세지 못해. 그 동안 우리에게 혼이 났으니 당분간 우리 요새로 쳐들어올 생각은 꿈도 꾸지 못할 거야."

미로노프 대위는 당치도 않다는 말투로 말했다.

"부인께서는 이 곳에서 지내는 것이 어렵고 힘들지 않나요? 문 밖만 나서면 언제 폭군들과 마주칠지도 모르는데."

대위의 부인은 내가 염려하는 것과는 달리 담담했다.

"처음부터 아무렇지도 않았다면 물론 거짓말이겠죠. 하지만 이제 이 곳을 공격하곤 하는 이교도들이 별로 신경 쓰이지 않아요. 처음 이 곳에 왔을 때, 너구리 모자를 쓰고 소리를 지르며 돌아다니는 그들을 보고 얼마나 무서워했는지 몰라요."

"대단하군요."

"호호호, 자네도 이 곳에 20년 정도 살게 되면 나처럼 둔해질 거야."

그러자 내 옆에 있던 시바브린이 한 마디 거들었다.

"부인께서 여느 군인 못지 않은 배짱을 가지고 있다는 것은 이 곳 사람들은 다 압니다."

"맞아, 그건 나도 인정해."

미로노프 대위 역시 아내를 격려하고 나섰다. 내친김에 나는 조용히 앉아 있는 마리아에 대해서도 물어 보았다.

"저기 있는 대위님의 따님은 어떤가요?"

"흠, 마샤는 아직 어려서 그런지 겁이 많은 편이네. 한번은 결혼 기념 일에 남편이 기념 축포를 쏘려고 했다가 마샤가 벌벌 떠는 바람에 그 만둔 적이 있지."

"부인과는 딴판이로군요."

"호호호, 그래 자네 말이 맞아."

우리는 즐거운 식사를 마치고 자리에서 일어섰다. 대위의 부인에게 감사의 인사를 하고 밖으로 나오자, 시바브린이 나를 불렀다.

"어때? 내가 머물고 있는 숙소를 구경하지 않겠어?"

"좋아."

시바브린 말고는 딱히 어울릴 만한 사람이 없었기 때문에 나는 자연 스레 그와 친하게 되었다. 그는 이 곳 생활과 대위의 가족 이야기를 내 게 해 주었다.

어느 덧 벨로고르스크 요새에 온 지도 거의 한 달이 되었다. 그 동안 나는 지루해할 사이도 없이 재미있게 시간을 보냈다.

'이 곳 생활은 생각했던 것보다 괜찮아. 처음엔 황량한 벌판을 바라 보며 지루하고 힘들지 않을까 걱정했는데 말이야.'

이 곳 생활에 잘 적응한 것은 대위 가족들의 세심한 배려 때문이었 다. 대위는 나를 부하로 취급하지 않고, 마치 가족의 한 사람으로 여겨 주었다. 한번은 시바브린이 이런 이야기를 들려 주었다.

"미로노프 대위는 한낱 병사로 시작해 지금의 자리에 온 사람이야. 가끔 말하는 것을 보면 제대로 배우지 못한 티가 난단 말이야."

"글쎄, 난 잘 모르겠는데. 늘 부지런하고 군인으로서의 자부심이 대단하신 분이라는 것 외에는 말이야."

대위 부인의 털털하고 남을 배려하는 성격 역시 나에게는 만족할 만했다. 부인은 대위에게 늘 간섭하는 듯 여겨지지만, 사실은 군대의 일을 세심히 신경 쓰려는 것이었다.

대위의 딸인 마리아 이바노브나 역시 시바브린이 일러 준 말과는 다르게 사려 깊고 마음씨가 착한 아가씨였다.

'시바브린은 왜 그렇게 특히 마리아에 대해 흉을 보는걸까? 내가 보기엔 흠잡을 데가 별로 없는 아가씨인데 말이야. 혹시 예전에 좋지 않은 일이라도 있었나……?'

사실 이 곳에서의 생활은 혹독한 군대 생활과는 거리가 멀었다. 그 흔한 검열이나 고된 훈련이 없었으므로 몸과 마음이 편했다.

"자, 오늘은 구령 소리에 맞추어 행진을 하도록 한다!"

"옛!"

미로노프 대위는 정해진 시간에 혹독한 훈련을 하는 것이 아니라, 시간이 나는 대로 병사들을 모아 훈련을 시켰다.

나는 형식만 갖춘 군대 생활로 많은 시간이 남아돌았다. 하루는 시바브린의 숙소에 들렀다가 그가 프랑스 책을 읽고 있는 것을 보았다.

"이건 무슨 책인가?"

"응, 프랑스 작가가 쓴 소설책이네."

그제야 시바브린이 의외로 많은 책을 가지고 있다는 것을 알았다. 집에 있을 때도 책을 별로 읽지 않던 나는 차츰 관심을 가지게 되어 틈만 나면 시바브린이 가지고 있는 책들을 빌려다 읽기 시작했다.

처음에는 문학시 같은 것은 따분하게 생각했지만, 조금씩 익숙해지자 시를 읽는 시간도 많아졌다. 그러던 어느날 나는 단지 시를 읽는 것에만 그치지 않고 종이에 써 보기로 했다.

점심 식사는 늘 대위의 부인이 준비해 주었기 때문에 오후 시간은 그 곳에서 보낼 때가 많았다. 한번은 대위의 부인과 친하게 지내는 게라심 신부님의 부인이 식사도 할 겸 이 집에 놀러왔다.

"어머, 저 분이 바로 새로 오신 젊은 장교로군요. 그래 몇 살인가요? 부모님은 무슨 일을 하고 계신가요?"

게라심 신부의 부인이 나를 보는 순간 쉴새없이 퍼붓는 질문에, 처음에는 꼬박꼬박 대답을 해 주던 나는 나중에는 그 곳을 빠져 나갈 궁리만 했다.

'휴, 여자들은 뭐가 저렇게 궁금한지 모르겠어.'

나중에 안 일이지만 게라심 신부의 부인은 이 곳에서 알아주는 수다쟁이로 소문이 나 있었다.

책을 읽는 것에 흠뻑 빠져 버린 후로는 더욱더 시바브린과 마주칠 기회가 많아졌다. 하지만 그를 만나면 만날수록 실망스러웠다.

'시바브린은 왜 사람들의 안 좋은 면만 바라보고 헐뜯으려는 걸까? 사실 이제 그가 해 주는 말도 믿지 못할 정도야.'

하지만 그가 아니면 별로 사귈 만한 사람도 없었기 때문에 마음속 이야기는 접어둔 채 만나곤 했다. 그 때는 요새를 침입해 오는 이교도들도 없어서 나는 남는 시간에 창작에만 몰두했다.

'흠, 이 시는 내가 봐도 제법 잘 썼어.'

그러던 어느 날, 나는 시 한 편을 정성스럽게 잘 다듬은 뒤, 흡족한 마음으로 시바브린을 찾아갔다.

'시바브린 정도면 내 시를 읽고 평을 해 줄 수 있을 거야.'

나는 서둘러 그가 있는 숙소로 갔다.

"어서 오게. 오늘도 책을 빌리러 왔나?"

"아닐세. 사실은 부탁 좀 하려고 부랴부랴 왔네."

"그래? 무슨 일인가?"

"여기 내가 시 한 편을 적어 왔는데, 자네가 읽고 고칠 데가 있으면 손 좀 봐 주게나."

시바브린은 내가 내민 종이를 받아들고는 읽어 내려갔다. 그의 표정이 점점 변하더니 끝내는 피식 웃었다.

"별로 마음에 들지 않나 보군."

"사실 그렇다네. 이 따위 시는 아무 데서나 볼 수 있지. 시라는 것은 개인의 정열을 되는 대로 나열하는 것이 아니라 절제와 승화된 감정이 잘 녹아 있어야 하는데 자네 시는 엉망이야."

나는 그의 말에 별로 기분이 좋지 않았으나 그런 대로 참을 수 있었다. 하지만 시바브린은 이 정도에서 그치지 않았다.

"여기 이 부분에 쓴 마리아는 대위의 딸을 생각하고 지은 구절인가? 참 유치하군. 마리아에게 쓴 연애 편지라도 보여 주는 겐가?"

"아니, 자네 좀 심한 것 아닌가!"

"심하다고? 마리아에 관해서라면 자네보다 내가 훨씬 아는 게 더 많아. 적어도 난 자네처럼 이 따위 듣기 좋은 글을 적어 그녀에게 주려고 하지는 않아."

"뭐라고?"

나는 더 이상 참을 수가 없었다. 그에 대해 내가 품었던 좋지 않은 감정이 갑자기 화산처럼 폭발했다.

"거짓말쟁이 주제에 내가 쓴 시를 함부로 말하지 말아!"

"거짓말쟁이라고? 안 되겠군. 결투를 해야겠어."

"좋은 생각이야. 나도 바라던 바야."

그전부터 다른 사람의 흉을 함부로 보고 다니는 시바브린을 혼내 주어야겠다고 생각하고 있던 참이기 때문에 나는 그의 결투 신청을 흔쾌히 받아들였다. 그렇게 시바브린의 숙소를 나와 그길로 대위의 사택에서 일을 하는 군인인 이반 이그나티치를 찾아갔다.

"아니, 표트르 안드레비치 장교가 여긴 웬일이죠?"

"드릴 말씀이 있어요."

나는 잠시 머뭇거리다가 용기를 내어 말했다.

"사실은 시바브린과 결투를 하기로 했어요. 그 결투의 증인이 되어 주었으면 해서 이렇게 찾아왔어요."

"아니? 지금 무슨 소리를 하는지 모르겠군. 시바브린과 칼로 승부를 내겠다는 말인가요?"

"그렇소. 다른 사람들에게는 비밀로 해 두시오."

"도대체 무슨 일로 그렇게 친하게 지내던 두 분이 이렇게 되었소?"

"그건 말씀 드릴 수 없소."

이반은 잠시 한숨을 내쉬고는 단호하게 대답했다.

"어찌 됐든지 간에 난 결투의 증인 노릇을 할 생각이 없소. 사실 나도 시바브린을 좋아하지 않지만, 일을 이렇게 해결해서는 안 되오."

"당신이 지금 내게 말하려는 뜻을 모르는 바가 아니지만, 이미 사나이끼리 결투를 하기로 약속을 했소. 그러니 아무 말도 하지 말고 증인이 되어 주시오."

나는 이반에게 간청했지만 그는 들은 척도 하지 않았다. 오히려 내게 이번 결투를 할 경우 가만히 있지 않겠다고 위협했다.

"만약 내 말을 듣지 않고 시바브린과의 결투를 취소하지 않는다면, 나는 미로노프 대위에게 이 사실을 보고할 것이오."

"이반! 그건 절대 안 되오. 대위님께 이 일을 말씀드리지 마시오."

잘못하면 일이 매우 커지게 될지도 모른다고 생각한 나는 이반을 설득하느라 진땀이 날 정도였다.

"당신에게 분명히 약속하겠어. 결투를 하더라도 절대 위험한 지경에까지 이르지는 않겠어. 누구를 다치게 하겠다는 것이 아니라 단지 승부를 가리자는 것뿐이야."

"꼭 결투를 하셔야겠다는 말씀이군요."

이반은 내 말에 조금 전보다 다소 누그러진 표정이었다.

"좋아요. 이 일은 미로노프 대위님께 절대 말하지 않겠어요."

그제야 나는 안도의 한숨을 내쉬었다. 이반의 약속을 받아낸 뒤 나는 서둘러 숙소로 돌아왔다. 다음 날 대위의 집에서 시바브린과 더불어 몇몇 사람과 함께 저녁 식사를 하게 됐다. 마리아도 대위 부인 곁에서 식사 준비를 하고 있었다.

'오늘 따라 마리아가 무척 예뻐 보이는 걸. 휴, 어쩌면 결투가 끝나게 되면 저 아가씨를 다시 보지 못할지도 몰라.'

그 때, 마리아를 바라보는 나를 누군가 쳐다보고 있다는 느낌이 들어 눈을 돌렸다.

'음, 시바브린이 나를 쏘아보고 있군.'

나는 앉아 있던 자리에서 일어나 시바브린 곁으로 다가가 나지막이 속삭였다.

"결투 약속은 잊지 않았겠지?"

"물론이지. 내가 잊을 리가 있나."

"어제 이반에게 우리의 결투 증인이 되어 달라고 부탁해 두었으니 그런 줄 알게."

"좋아, 승부를 확실히 하자는 뜻인가 본데 시간은 내가 정하지. 내일 아침 6시 강가로 하세."

다른 사람이 우리가 이야기를 나누는 것을 보면 아마도 다정해 보였을 것이다. 왜냐하면 옆에 사람이 혹시라도 들을까 봐 주의를 하며 소리를 높이지 않았기 때문이다. 함께 온 이반은 우리를 보고 흡족해 했다.

"이제야 서로 화해를 한 모양이군. 그렇지, 잘한 일이야. 서로를 죽이려고 작정하는 것보다 쌓인 감정을 푸는 게 제일이지."

이반은 옆에 사람도 들릴 만큼 제법 큰 소리로 혼잣말을 했다. 사람들의 개인적인 일에 간섭하고 좋아하는 대위의 부인이 이 소리를 그냥 지나칠 리 없었다.

"이반, 방금 한 말이 무슨 뜻이죠?"

"네? 무슨 뜻이라뇨?"

"서로를 죽이려 한다고 중얼거리는 걸 제 귀로 똑똑히 들었어요. 자, 어서 숨기지 말고 말해 봐요."

"그게……."

이반은 어떻게 변명을 해야 좋을지 몰라 식은땀까지 흘렸다.

'이 일을 어쩌지? 표트르 안드레비치와 아무에게도 말하지 않겠다고 단단히 약속을 했는데. 그렇다고 눈치 빠른 부인께서 그냥 넘어갈 리가 없을 텐데.'

그 때 뜻하지 않게 시바브린이 나서며 변명을 했다.

"걱정하실 것 없어요. 이미 지나간 일인 걸요."

"시바브린, 당신이 이 일에 대해 알고 있는 모양이로군요. 무슨 일이 있었나요?"

"사실은 표트르 안드레비치와 제가 말다툼을 했어요. 별것도 아닌 일로 말이에요."

대위의 부인은 별로 대수롭지 않게 말하는 시바브린의 이야기가 듣고 싶어 안달이 난 듯했다. 나는 시바브린이 어쩔 셈으로 우리의 일을 말하려는지 알 수가 없었다.

"좀더 자세히 이야기해 봐요. 두 사람이 왜 싸운 거죠?"

"같은 책을 읽고 작가에 대해 서로의 의견을 말하다가 감정이 격해져서 그런 것뿐이에요. 그리고 나서 곧 화해했어요."

"다행이로군요. 남자들이란 걸핏하면 아무 일도 아닌 걸로 결투를 해 상처를 내기도 해서 혹시나 하고 걱정했어요."

그제야 부인은 별일 아니라는 시바브린의 말을 믿을 수 있었다.

'참 잘도 둘러대는군.'

나는 속으로 이런 생각을 하며 시바브린을 흘낏 쳐다보았다. 곧 식탁에 둘러앉은 우리들은 대위가 돌아오자 저녁 식사를 했다.

숙소로 돌아온 나는 내일 시바브린과 결투할 때 쓸 긴 칼을 손질해 두었다. 이 때, 사벨리치가 방으로 들어섰다.

"도련님, 그 칼은 뭐 하려고 그렇게 정성스럽게 닦고 있나요?"

"군인이란 늘 무기를 손질해 두는 법이야."

"헤헤, 도련님도 이제 군인 정신이 제법 몸에 밴 모양이군요."

만약 사벨리치가 내일 있을 결투 소식을 안다면 필시 두 팔을 걷어붙이고 말리려고 할 것이므로, 거짓말을 할 수밖에 없었다.

"참, 내일 아침 6시에 나 좀 깨워 줘."

"이제까지 군대를 사열하는 일도 없는데, 그렇게 일찍 일어나서 뭐 하시려고요?"

"그건 알 것 없고 꼭 좀 부탁해."

드디어 다음 날, 날이 밝고 나는 눈을 떴다.

'오늘이 시바브린과 결투를 하기로 한 날이지. 기다려라!'

나는 서둘러 옷을 차려입고 약속 장소로 나갔다. 잠시 후, 시바브린이 걸어오는 모습이 멀리서 보였다.

"잊지 않고 나와 주었군."

"자, 그럼 결투를 해 볼까?"

약속 장소에는 시바브린과 나만 있을 뿐, 이반은 나와 주지 않았다. 우리 두 사람은 칼집에서 칼을 빼어들었다. 막 상대방에게 칼을 겨누려는 순간이었다.

"잠깐! 멈추시오."

우리는 소리나는 쪽을 향해 급히 고개를 돌렸다. 오늘 결투의 증인을 서 주기로 한 이반과 몇 명의 군인들이었다.

"이반, 어떻게 된 일인가?"

"대위님의 명령을 전달하기 위해 왔습니다. 두 사람은 결투를 중단하고 저와 함께 가시지요."

그제야 난 이반이 나와의 약속을 깨고 미로노프 대위에게 결투 사실을 알렸다는 것을 눈치챘다.

"쳇, 고자질을 했군."

시바브린은 이렇게 투덜댔지만 대위의 명령이라 하는 수 없이 이반의 말에 따를 수밖에 없었다. 곧 대위의 사택에 도착한 우리들은 고개를 숙인 채 안으로 들어섰다.

"아니, 무슨 짓을 한 건가요?"

대위보다 먼저 우리에게 호통을 친 것은 대위의 부인이었다. 그녀는 얼굴이 울그락불그락하며 고함을 쳤다.

"세상에 무슨 마음을 먹고 서로에게 칼을 휘두른 거죠? 시바브린, 당신은 나에게 보기 좋게 거짓말을 해 놓고 딴짓을 하는군요. 표트르 안드레비치, 당신도 마찬가지예요. 군대에 온 지 얼마나 됐다고 이런 문제를 일으키는 건가요?"

대위는 부인이 자신이 할말을 다하고 있다고 생각했는지 곁에서 아무 말도 하지 않고 듣고만 있었다.

"여보, 이 사람들은 분명 군대의 법을 어긴 거죠?"

"개인적인 일이지만, 군인은 결투를 해서는 안 되는 게 맞소."

"그렇다면 어서 저들을 감옥에 가두어 벌을 주세요. 그렇게 해야 다시는 이런 어리석은 싸움을 하지 않을 테니까."

대위의 부인은 너무 화가 난 나머지 이렇게 말해 버렸다. 대위는 이 일을 어떻게 처리해야 좋을지 몰라 잠시 말이 없었다.

"당신 말대로 군대의 법으로 하자면 감옥에 가두는 것이 맞지만, 처음 있는 일이고 하니 용서를 해 주겠다. 단……."

시바브린과 나는 안도의 한숨을 쉬었다. 그리고 대위의 다음 말을 기다렸다.

"우리가 보는 앞에서 화해를 하도록 하시오."

난 시바브린과 화해를 하기는 싫었지만, 군대란 명령에 복종해야 한다는 걸 알고 있었기 때문에 하는 수 없었다. 아마 시바브린 역시 나와 마찬가지일 거라고 짐작했다. 나는 먼저 손을 내밀었다.

"미안하오."

"미안하게 됐소."

형식적인 인사말이 오고 간 뒤 우리는 별다른 말 없이 그 곳을 나왔다. 이반 역시 내 뒤를 따라 나오며 히죽 웃었다.

"이반, 대위님께 우리 일을 고자질해 놓고 웃음이 나오나요?"

"무슨 소립니까? 고자질을 하다니요?"

"발뺌해도 소용없어요. 시바브린과 나의 결투 사실은 당신밖에 모르는 사실인데 그럼 누가 그랬단 말입니까?"

"아직 모르셨소? 대위님의 부인께서 당신들의 일을 눈치 채고 막은 것이오. 난 단지 지시에 따라 심부름만 했을 뿐이오."

이반은 내 앞을 가로질러 휑 하니 가 버렸다. 내 뒤에 서 있던 시바브린이 아직 화가 풀리지 않은 듯 내뱉었다.

"이번 일이 다 끝난 거라고 생각하지는 않겠지."

"물론이야. 자네가 원한다면 언제든지 결투를 받아 주겠네."

나 역시 마음속에 화가 풀리지 않은 상태라 다시 한 번 그와 결투를 하기를 원했다.

"지금은 일이 들통나 버렸으니 당분간 잠잠히 있기로 하지. 아무래도 우리를 감시하는 눈들이 많을 테니까."

"그러지."

시바브린과 나는 간단한 인사를 나눈 채 각자의 숙소로 돌아갔다.

시바브린과의 결투

다음 날, 다시 대위의 집을 찾았을 때, 나는 마리아와 단둘이 이야기할 기회가 생겼다. 대위는 아마 훈련 중일 것이었고, 부인은 게라심 신부님 댁에 가 있었다.

"어서 오세요."

"어머니는 어디 가시고 혼자 있는 거요?"

"게라심 신부님의 부인이 좀 보자고 해서 급히 나가셨어요. 이리로 좀 앉으세요. 어제 좋지 못한 일이 있었는데 이제 좀 괜찮은가요?"

마리아는 시바브린과의 결투 소식을 전해 들은 모양이었다. 특별히 나눌 이야기가 없었는데, 그 일은 좋은 화젯거리가 되었다.

"어제 어머니로부터 이야기를 듣고 깜짝 놀랐어요. 왜 남자들은 목숨을 함부로 여기고 그런 짓을 하는지 모르겠어요. 하지만 이번 일은 분명히 시바브린이 당신에게 시비를 걸었을 게 틀림없어요.”

“정말 그렇게 생각하나요?”

나는 깜짝 놀라며 이렇게 물었다.

“아마 그랬을 거예요. 내가 알기로는 시바브린은 남의 비위를 상하는 말을 함부로 하곤 하니까요.”

“당신은 시바브린을 좋아하지 않나요?”

“사람을 미워하거나 싫어해서는 안 되는 줄 압니다만, 저 역시 그 사람을 별로 좋아하지 않아요. 하지만…….”

마리아는 무슨 말을 하려다가 잠시 말을 멈추었다.

“하지만 뭐죠?”

“그 사람은 저에게 관심이 있는 것 같아요.”

“시바브린이 당신에게 좋아한다고 직접 말했나요?”

내 질문에 마리아는 부끄러운 듯 고개를 떨구었다. 하지만 이내 숨김없이 대답했다.

“사실은 제게 직접 결혼하자는 말을 했어요.”

“옛?”

나는 너무 놀라 외마디 소리를 질렀다.

‘이런, 그 동안 내게 마리아의 흉이란 흉은 모두 보곤 하더니. 그 이유가 내가 마리아와 친해질까 봐 미리 수를 썼던 거로군. 게다가 내가 쓴 시를 그토록 비웃은 것도 이런 까닭이었군.’

여기까지 생각이 미치자 나는 시바브린을 용서할 수 없다고 여겼다.

‘두고 봐. 네 놈을 그냥 두나 봐라.’

나는 당장 뛰어가 시바브린의 멱살이라도 붙잡고 싶었지만 꾹 눌러 참았다. 그러고는 다시 마리아에게 궁금했던 일을 물었다.

"그럼 시바브린의 청혼을 거절했나요?"

"물론이죠. 사실 그 사람의 조건은 나무랄 데가 없는 편이에요. 집안도 부자고 귀족인 데다가 똑똑한 사람이죠. 하지만 제 마음이 왠지 내키질 않아요."

"맞아요. 결혼이란 어떤 조건보다도 서로간의 마음이 맞아야지요."

오늘따라 마리아와 마음이 하나가 된 것 같아 나는 맞장구를 치며 그녀의 편을 들었다. 나는 그녀와 조금 더 이야기를 나눈 뒤, 숙소로 돌아왔다. 며칠 뒤, 시바브린이 나를 찾아와 다급한 소리로 말했다.

"이제 때가 된 것 같아."

"무슨 소린가?"

"이제 사람들이 우리의 결투에 별로 신경을 쓰지 않는 것 같아. 또 결투 날짜를 잡았다가는 들킬 게 분명하니, 지금 당장 강가로 나가 승부를 가르세."

"좋아, 나도 하고 싶은 말이었어."

나는 흔쾌히 승낙을 하고 그의 뒤를 따라나섰다. 비탈길을 따라 강가에 이르자 그는 걸음을 멈추고 뒤돌아섰다.

"자, 칼을 뽑아라!"

"덤벼!"

우리는 칼집에서 칼을 빼어들고 서로를 향해 겨누었다. 솜씨로 따지자면 군대 생활을 나보다 오래 한 시바브린이 나았다. 하지만 가정교사 보프레에게 검술을 배웠던 나 역시 만만한 상대는 아니었다.

"호, 제법이군."

시바브린은 이렇게 중얼거리며 나의 칼을 받아 내곤 했지만 점점 기운이 떨어지고 있다는 걸 알 수 있었다. 나는 그런 그에게 쉴 틈을 주지 않고 공격에 나섰다.

"야앗!"

마지막 힘을 다하여 공격하자 그는 슬금슬금 뒷걸음질을 쳤다. 한 번만 더 칼을 휘두르면 그가 내 앞에 무릎을 꿇을 순간이었다.

"도련님! 도련님!"

누군가 나를 다급하게 부르는 소리에 나는 고개를 돌려 뒤를 돌아봤다. 사벨리치가 멀리서 손을 흔들며 뛰어오고 있었다.

"악!"

그와 동시에 나는 그만 정신을 잃고 말았다. 시바브린이 내가 뒤돌아서 있는 동안 나를 칼로 찔렀던 것이다.

그 뒤로 시간이 얼마가 지났는지 알 수 없지만, 나는 몸에 통증을 느끼며 어렴풋이 눈을 떴다.

"아, 사벨리치!"

"도련님, 이제 정신이 드나요? 오, 하느님 감사합니다."

사벨리치는 내가 그의 이름을 부르며 눈을 뜨자, 감격스러운 듯이 두 손을 마주 잡고 신에게 기도를 올렸다.

"어떻게 된 거야? 여기는 어디고⋯⋯."

몸이 아파 제대로 움직일 수 없었지만, 내가 누워 있는 곳이 내 침대가 아니란 것은 알 수 있었다.

"안 됩니다. 아직 몸을 함부로 움직여서는 안 돼요. 도련님은 닷새 동안이나 정신을 잃었다가 겨우 깨어나신 거예요."

"닷새라고?"

"그 망할 놈의 시바브린이 도련님을 이 지경으로 만들어 놓았어요. 강가에서 결투를 하다가 제가 도련님을 부르는 바람에, 뒤돌아선 도련님에게 그 놈이 칼을 찔렀어요."

"아, 그랬군."

그제야 나는 어렴풋이 그 날 일을 기억할 수 있었다.

"전 정말 앞으로 도련님을 못 보는 줄 알았어요. 하루 이틀도 아니고 닷새 동안이나 깨어나지 않았으니까요."

"여기는 내 침대가 아닌 것 같은데."

"대위님의 집이에요. 도련님이 위급한 상황이라 서둘러 이 곳으로 모셔왔답니다."

그 때 누군가 문을 열고 들어서는 것이 보였다.

"아, 깨어나셨군요."

"아, 마리아로군. 아아……."

나는 칼에 찔린 곳의 통증으로 다시 의식이 흐려지기 시작했다. 사람들이 오가는 소리를 들으며 나는 깊은 잠에 빠져들었다.

"사벨리치……."

다시 정신이 든 나는 목이 말라 사벨리치를 나지막이 불러보았다.

"오, 이제 괜찮나요?"

내 앞에 나타나 걱정스런 눈빛으로 나를 바라보고 있는 사람은 다름 아닌 마리아였다. 그녀는 내 머리에 손을 얹었다.

"마리아……. 고맙소."

"힘들게 말하려고 애쓰지 마세요. 지금은 편하게 쉬어야 해요."

나는 그녀의 정성어린 간호에 눈물이 날 지경이었다. 그녀가 내 곁에 있는 날이 많아질수록 이상한 감정이 나를 사로잡곤 했다.

'아, 내가 왜 이럴까? 마리아만 곁에 오면 매우 황홀한 기분이 들고 그녀가 내 이름을 불러 주면 이 세상 무엇도 부럽지 않을 것 같아.'

침대에 누워 있는 사이에 나는 그녀를 사랑하게 된 것이었다. 며칠을 마음속으로 끙끙대던 나는 결국 고백을 하고 말았다.

"오, 마리아. 난 아무래도 당신을 사랑하게 된 것 같소. 부디 나의 청

혼을 받아 주시오."

"네?"

순간 그녀는 내 말에 당황하는 기색이었다. 하지만 이내 밝은 목소리로 이렇게 대답해 주었다.

"지금은 몸을 먼저 돌보셔야 할 때예요. 그런 말씀은 자리에서 일어난 뒤에 하셔도 늦지 않아요."

그녀의 긍정적인 대답은 나의 사랑에 확신을 주었다.

벨로고르스크 요새 안에는 따로 의사 선생님이 없기 때문에 마리아가 줄곧 나를 돌보아 주었다. 그녀의 헌신적인 간호로 인해 나의 몸은 빠른 속도로 회복되어 갔다.

"이제 몸이 많이 좋아진 것 같군요."

"내 사랑 마리아, 이 모든 게 당신 덕분이오."

"나 역시 당신을 사랑해요. 하지만 결혼이라는 게 우리 둘만의 생각으로 이루어지는 건 아니에요."

"대위님께서도 우리의 사랑을 축복해 주실 거요."

"물론 그러실 테죠. 하지만 제가 염려하는 것은 당신 부모님이에요."

"걱정하지 말아요. 곧 아버지께 편지를 써 우리의 결혼을 알리겠소."

마리아에게 이렇게 말은 했지만, 마음속으로는 걱정이 되었다.

'어머니야 늘 내 편이셨으니까 잘 말씀드리면 되겠지만, 아버지는 그렇지 않을 텐데. 나를 군대에 보내신 것도 강인한 남자를 만들기 위해서였는데 갑자기 결혼을 하겠다고 하면 틀림없이 반대하실 거야.'

나는 곧 종이와 펜을 찾아 그 동안 시를 쓰며 갈고 닦은 솜씨로 아버지를 설득하는 편지를 써내려 갔다.

"마리아, 여기 아버지께 보내는 편지야. 먼저 읽어봐 주겠어?"

"그러죠."

그녀는 천천히 편지를 읽어 내려갔다.

"아주 감동적이에요. 당신의 감정을 아주 솔직하게 잘 썼어요. 당신의 아버지도 분명 우리의 사랑을 이해해 주실 거예요."

나와 마리아의 마음은 이제 하나가 되었다. 드디어 몸이 거의 회복되어 더 이상 침대에 누워지내지 않아도 되었다.

"이제 몸이 많이 나았군. 다시 한 번 더 내 명령을 어길 경우엔 주저 없이 감옥에 집어넣을 테니까 그리 알아. 시바브린은 우리 집 창고 안에 가두어 두었네."

미로노프 대위는 나를 찾아와 단단히 당부를 했다.

"지금 시바브린이 창고 안에 갇혀 있다는 말이 사실입니까?"

"그렇다네. 칼을 함부로 휘두른 죄를 받고 있는 셈이지."

나를 찌른 시바브린이였지만 왠지 동정심이 느껴졌다.

'마리아에게 사랑을 거절당하고 난 뒤 몹시 괴로웠을 거야. 그래서 나와 마리아가 친해지는 게 더욱더 눈에 거슬렸을 테고. 그래, 그를 용서해 주자.'

이미 마리아의 사랑을 확인한 나는 그에게 쌓였던 좋지 않은 감정을 풀기로 마음먹었다.

"대위님, 부탁이 있습니다."

"뭔가?"

"시바브린을 그만 창고에서 풀어 주십시오."

"흠, 그 말이 진심인가?"

대위는 나의 눈을 바라보며 온화한 얼굴로 물었다.

"네, 내일이면 저도 숙소로 돌아갑니다. 그 역시 이제까지 충분히 벌을 받았다고 생각합니다. 이제 지난 일은 잊고 싶습니다."

"훌륭하군."

곧 시바브린은 창고에서 풀려났다. 내가 숙소로 돌아간 다음 날, 그는 나를 찾아왔다.

"고맙다는 인사를 하려고 왔네."

"우리 그 동안 있었던 좋지 않은 일은 그만 잊어버리세."

"나도 그 말을 하려던 참이었어. 여러 가지로 미안하게 됐네."

그 뒤로 우리는 언제 그런 일이 있었냐 싶게 다시 이야기를 나누는 사이가 되었다. 한편, 대위 부부는 마리아와 나의 사랑을 어느 정도 인정을 해 주었다.

며칠 뒤, 드디어 기다리던 편지 한 통이 배달되었다. 나는 떨리는 가슴을 진정하고 편지를 읽어 내려갔다.

표트르 안드레비치 보아라.

그 동안 편지 한 장 써 보내지 않던 네가 온 정성을 담아 내게 보낸 편지 내용이 고작 결혼을 허락해 달라는 게냐?

천하에 몹쓸 놈 같으니라고. 게다가 정신을 차리라고 군대를 보냈더니 결투를 한답시고 설치고 돌아다니다니. 아직도 네가 정신을 못 차린 모양이로구나. 아무래도 안드레이 카를로비치 장군께서 너를 그 곳에 잘못 보내신 것 같구나. 내가 다시 손을 써서 다른 곳으로 옮겨 달라고 할 참이다. 다시 한 번 다짐하지만 아직 결혼은 절대 안 된다. 네 어머니는 네가 다쳤다는 소식을 전해 듣고 자리에 몸져누웠다. 앞으로 네가 어떤 결정을 내릴지 지켜보겠다.

안드레이 페트로비치

나는 편지를 읽는 중간 중간에 한숨을 내쉬었다. 아버지의 강력한 반대에 앞으로의 일이 걱정되었다.

"휴!"

갑작스런 내 결혼 결정에 무척 놀라셨을 거라는 것은 짐작했지만, 나를 무시하는 아버지의 편지에 화가 치밀었다.

'너무 하셔. 왜 내 결혼 결정을 못 미덥게만 여기고 계실까? 마리아를 한 번 만나 보지도 않고 거절하다니.'

한편으론 아버지의 말대로 이 곳에서 다른 곳으로 가게 되는 일이 생길까 봐 걱정도 되었다. 게다가 어머니가 편찮다는 말은 나를 더욱 힘들게 했다.

'내가 결투를 한 사실을 알린 것은 분명 사벨리치일 거야.'

이런 생각으로 방 안을 서성이고 있는데, 마침 사벨리치가 들어왔다.

"마침 잘 왔어. 자네가 오지 않았으면 내가 찾아 나설 참이었어."

"제게 하실 말씀이라도 있나요?"

"도대체 시바브린과 결투를 한 일은 뭐 하러 아버지께 알려 드렸나? 사실 내가 이렇게 다치게 된 것도 다 자네 때문이 아닌가? 그 날 나를 부르지만 않았더라도 이렇게 몸져눕지는 않았을 거야."

"지금 무슨 말씀을……."

나는 내친 김에 모두 다 말해 버렸다.

"지금 어머니께선 내가 다쳤다는 말씀을 전해 듣고 마음의 상처를 받아 앓아 누워 계시단 말일세."

"그럼 그게 모두 저 때문이라는 말이군요. 제가 도련님을 강가에서 부른 것은 제 몸을 바쳐서라도 구하려고 그랬던 겁니다. 그리고 저는 결코 주인 나리께 결투 사실을 알려 드린 일이 없습니다. 하느님께 맹세해도 좋아요."

사벨리치는 금방이라도 눈물이 쏟아질 것 같은 얼굴이 되었다. 이제까지 사벨리치를 의심하고 있었던 나는 할말이 없었다.

"여기 주인 어른이 제게 보내신 편지 한 통이 있어요. 이걸 보시면 아마 저에 대한 오해가 풀릴 겁니다."

"그걸 왜 이제야 말하는 거야?"

무안한 마음에 서둘러 편지를 받아든 나는 얼른 펼쳐 보았다. 내용은 '왜 도련님의 일을 보고하지 않았는가' 하는 글에서부터 시작하여 '앞으로 이런 일이 다시 일어날 경우 엄중히 죄를 묻겠다' 는 것이었다.

편지는 아버지가 쓴 것이 분명했다. 나는 혼란스러워졌다.

'그렇다면 도대체 누가 아버지께 내 일을 알려 드렸단 말인가?'

우선 나는 사벨리치에게 용서를 빌었다.

"미안하네. 아버지께 군대에서 일어난 일을 전해 드린 것은 당연히 자네밖에 없다고 생각했어. 그래서 앞뒤 가리지 않고 그렇게 윽박질렀네. 미안하게 됐어."

"이게 다 그 빌어먹을 가정교사 때문입니다."

사벨리치는 난데없이 언젠가 우리 집에서 쫓겨난 보프레를 들먹였다.

"이 사람, 내게 화풀이를 할 일이지 왜 애꿎은 가정교사 얘긴가?"

"그 놈이 도련님께 칼 다루는 법을 가르쳐 주지만 않았던들 이런 일은 없었을 게 아닙니까?

"하하하!"

나는 사벨리치의 엉뚱한 말에 웃을 수밖에 없었다. 겨우 마음이 안정된 사벨리치가 식사 준비를 하러 밖으로 나갔다. 다시 생각에 잠긴 나는 여러 사람을 떠올려 보았다.

'설마 대위님이 직접 나서서 내가 다친 사실을 알렸을 리는 없을 테고, 요새 안에 있는 사람 중에 내 일에 그토록 관심 있는 사람은 없는데, 혹시 결투의 증인이 되기로 했던 이반이……'

하지만 나는 금세 머리를 흔들었다.

'이반은 아니야. 그 사람은 그런 짓을 할 위인이 못돼. 음, 다시 생각해 보자. 이번 일이 알려져 내가 이 곳에서 쫓겨나게 되면 누가 제일 좋아할까?'

그러자 문득 머리를 스쳐 지나가는 사람이 있었다.

'그렇지, 시바브린이 있었구나. 내가 이 곳에서 없어지기를 바라는 사람은 바로 그밖에 없어. 그는 아직도 마리아를 잊지 못하는 눈치였어. 그러니까 내가 쫓겨나게 되면, 그녀는 다시 그에게로 돌아갈지도 모른다고 생각했을 거야.'

내 추측이 틀림없다고 생각하자 나는 마음이 몹시 괴롭고 혼란스러웠다. 숙소를 나온 발길은 나도 모르게 대위의 집으로 향했다.

"어서 오세요."

마리아는 나를 본 순간 환하게 웃으며 다가왔다.

"마리아!"

"그런데 안색이 좋아 보이지 않아요. 혹시 안 좋은 일이라도……."

"차마 내 입으로 말할 수가 없군."

나는 아버지의 편지를 마리아에게 내밀었다. 편지를 건네받은 그녀의 두 손이 떨려왔다.

"혹시……."

그녀의 얼굴에 어두운 그림자가 스쳐 지나갔다. 그리고 천천히 편지를 읽어 내려갔다.

"아아아……."

"마리아, 너무 걱정하지 말아요."

"아니에요, 이제 모든 게 끝났어요. 당신의 부모님께서는 우리의 결혼을 달가워하시지 않아요."

실망한 빛이 역력한 그녀 앞에 뭐라 해야 할지 몰라 당황스러웠다.

"제발, 마리아. 끝났다는 말을 하지 말아요. 나는 당신 없이는 살 수가 없어요. 먼저 대위님께 이 사실을 말씀드리고 결혼을 하도록 합시다. 그리고 나중에 우리 부모님께 이 사실을 알려 드리면 우리 부모님도 어쩔 수가 없을 것이오."

"말도 안 돼요. 난 부모님이 반대하는 결혼은 하고 싶지 않아요. 결혼은 양가 부모님의 축복 속에 올려야만 해요."

마리아는 끝내 참았던 눈물을 흘리며 작별 인사를 했다.

"이제 그만 돌아가세요. 이제 제겐 서 있을 기력도 남아 있지 않아요."

"마리아……."

더 이상 어떻게 해 볼 수가 없다는 사실이 나를 더욱 힘들게 만들었다. 나는 발길을 돌려 숙소로 향했다. 마침 내가 돌아오기를 기다리고 있던 사벨리치는 종이 한 장을 내게 건네주었다.

"이게 뭔가?"

"주인 어른께 보내는 편지입니다. 읽어보시고 고칠 내용이 있으면 말씀해 주십시오. 마님이 도련님이 다치신 걸 알고 병이 나셨다고 하길래 급히 썼어요."

잔소리꾼인 사벨리치였지만 가끔 나를 이렇게 감동시키곤 했다. 편지는 도련님이 예전처럼 건강을 되찾았으니 걱정하지 말라는 내용과, 군대 생활을 착실히 잘 해나가고 있다는 내용이 적혀 있었다.

"고마워. 자네의 편지를 받아보시는 어머니도 한시름 놓으실 거야."

어머니의 일은 걱정하지 않아도 되었지만, 마리아와는 그 뒤로 서먹서먹한 사이가 되고 말았다.

"마리아, 할말이 있어."

"미안하지만 어머니의 심부름으로 다녀올 데가 있어서……."

그녀는 나와 함께 있는 시간을 되도록 피하려 하였고, 여러 사람과 식사를 하게 되더라도 말 한 마디 걸어오지 않았다.

대위님과는 일이 있을 때만 만났기 때문에 전과 별로 달라진 것은 없었다. 점차 시간이 흐를수록 대위의 사택 방문이 즐겁지 않았다.

"도련님, 대위님의 부인께서 점심 식사를 함께 하자고 하십니다."

"몸이 좋지 않아서 못 가겠다고 전해 주게."

처음에는 나를 배려하던 대위의 부인도 이런 일이 몇 번 반복되자, 억지로 나를 부르지 않게 되었다.

'아, 따분하고 지루해.'

나는 곧 이 곳에서의 생활에 싫증을 느꼈다. 가끔 마주치는 시바브린과도 더 이상 말을 하지 않게 되었다. 아버지께 고자질한 사람이 그일 거라는 생각이 들자 괘씸하여 점점 그가 싫어졌다.

처음엔 사람들을 만나지 않는 시간에는 책을 읽으면서 지냈지만, 그것도 오래가지 않아 흥미를 잃었다.

"도련님, 왜 방에만 계십니까? 사람들도 만나면서 여럿이 어울려야지 그렇게 지내다가는 병에 걸리기 쉽습니다."

"그냥 나를 내버려 둬."

사벨리치는 나를 걱정해 주었지만 나는 그것도 짜증이 났다. 시간이 흐를수록 점점 정신이 멍해졌다.

푸가초프의 등장

벨로고르스크 요새로부터 멀지 않은 곳에 있는 오렌부르크는 기름진 땅이었으나 늘 몇몇 종족들이 문제를 일으키곤 했다. 그래서 정부는 반란의 주동이 된 카자흐 인들을 감시하기 위해 요새를 강화했다.

특히 정부에 항복해 온 카자흐 인들 중에 군인을 뽑아 반란군을 다스리게 했지만, 카자흐 인들은 반란을 일으킬 기회만 노리고 있었다.

내가 벨로고르스크 요새에 온 뒤, 아버지의 반대로 마리아와 사이가 멀어지자 모든 일이 따분하게 여겨지던 즈음이었다.

그 때는 1773년 10월이었다.

"도련님, 대위님으로부터 급히 모이라는 전갈이 왔어요."

"그래?"

요새 안에서 무슨 큰일이 있겠냐 싶어 나는 가벼운 마음으로 대위의 사택을 향했다. 하지만 문에 들어서는 순간, 이미 모인 몇몇 군인들의 표정이 심상치 않음을 볼 수 있었다.

"어서 오게. 그럼 다 모인 셈이군."

나는 아무 소리도 못하고 빈자리에 가 앉았다. 대위는 잠시 헛기침을 한 번 하고 난 뒤, 편지 한 장을 펼쳐 들었다.

"하사! 자네는 문을 걸어 잠그고 오게. 자네들은 지금부터 내 말을 잘 듣기 바란다. 지금 중대 사건이 발생했다."

무언지 심상치 않은 일이 일어났음을 확인한 나는 바짝 긴장했다.

"장군께서 직접 보내신 공문을 읽을 테니 잘 들어라!"

대위 역시 긴장된 말투로 편지를 읽어 내려갔다.

감옥에 복역 중인 예멜리안 푸가초프라는 자가 탈출하여 난동을 부리고 있다. 그는 여러 폭도들을 모아 야이크 강 주변을 돌아다니며 닥치는 대로 부수고, 사람들을 괴롭히고 있으며, 급기야 몇 군데 마을까지도 점령했다.

게다가 그 자는 자신을 황제라 칭하며 우리 정부를 마구 비웃고 다니고 있으니, 나타나는 대로 잡아들이도록 하라.

대위는 편지를 다시 접으며 걱정스런 얼굴로 말했다.

"흠, 만약 이 자가 우리가 있는 곳으로 쳐들어온다면 우리에겐 당해 낼 병력이 없어. 병사들이라야 고작 130명 정도로 어떻게 사나운 폭도들을 막아 낸단 말인가? 휴, 게다가 이 곳 카자흐 인들이 그들과 힘을 합친다면 우린 독 안에 든 쥐 꼴이야."

대위는 카자흐 출신 하사인 막시미치를 바라보고는 주의를 주었다.

"막시미치, 이번 일은 특히 네가 잘 해 줘야 해. 카자흐 출신 부하들이 마음이 흔들리지 않도록 늘 살펴보도록 해. 알겠나?"

"옛!"

그리고 다시 우리들을 둘러보고 굳은 결의를 보였다.

"적들보다 적은 병사들을 가지고 있다 하더라도, 마음만 한데 모이면 결코 쉽게 무너지지 않을 것이다. 일단 보초병들을 요새 곳곳에 세워 둔 뒤, 무기들을 언제라도 쓸 수 있도록 손질해 두도록 하라.

특히 요새의 입구를 신경 써서 막도록 하고 이 곳 사람들에게는 이 일은 당분간 비밀에 부치도록 한다. 알았나!"

"명령대로 따르겠습니다."

그 외에도 좀더 세밀한 이야기를 나눈 뒤, 우리들은 각자의 숙소로 돌아갔다. 대위는 군대의 기밀은 절대 부인에게 말하지 않았다. 우리가 회의를 하던 날도 대위는 부인과 딸 마리아를 집 밖으로 내보내기 위해 수를 썼다.

"여보, 게라심 신부님 부인께서 당신을 좀 보자고 하더군."

"그래요? 며칠 전에도 만나 봤는데 무슨 일일까?"

"하여간 한번 다녀오구려. 참, 마리아와 하녀 팔라샤도 함께 데리고 가도록 해요."

"네?"

그러자 대위의 부인은 의심스러운 눈길로 남편을 쳐다보았다.

　'이상한데. 왜 마리아와 팔라샤까지 함께 다녀오라는 걸까?'

　부인은 아무래도 심상치 않았지만 별일 아닐 거라는 생각에 대위의 말대로 게라심 신부 댁으로 가기 위해 서둘렀다.

　회의를 끝내고 나서 한참이 지나서야 대위의 부인은 집으로 돌아왔다. 그 때까지도 대위는 깊은 생각에 잠겨 있었다.

　"아니 무슨 생각을 하느라 사람이 온 줄도 몰라요?"

　"아, 당신이구려. 그래 어디 갔다 오는 거요?"

　"네? 지금 무슨 소리를 하는 거예요? 저에게 신부님 댁에 다녀오라고 하셨잖아요."

　"내가 그랬나?"

　대위는 부인과 이야기를 하면서도 딴 데 정신이 팔려 있는 것 같았다.

　"신부님 부인은 특별히 내게 할말이 있었던 것 같지는 않았어요. 혹시 당신이 일부러 나를 밖으로 내보내려고 수를 쓴 건 아닌가요?"

　"아, 아니야."

　흠칫 놀라는 대위를 부인은 더욱더 수상하게 여겼다.

　'분명히 숨기는 게 있어.'

　한번 궁금한 게 생기면 반드시 알아야 직성이 풀리는 부인은 그 날부터 대위를 유심히 관찰했다. 다음 날, 외출했다가 집으로 가는 길에 우연히 이반 이그나티치를 본 대위의 부인은 고개를 갸웃거렸다.

　이반은 그 동안 별로 쓸모도 없이 한 곳에 세워 두었던 대포를 이마에 땀을 흘리며 정성스럽게 닦고 있었다.

　'뭐하려고 저렇게 열심히 대포를 손질하는 걸까? 키르기스 인이라도 쳐들어온다는 소식이 있었나?'

대위 부인은 잠시 그 자리에 서 있다가 좋은 생각이 떠올랐다.

'옳지! 좋은 수가 있어.'

그녀는 살짝 미소를 짓고는 이반에게 다가갔다.

"어머, 이반 이그나티치 아니에요?"

"안녕하세요? 어딜 다녀오시는 길인가 봐요?"

"예, 신부님의 부인께서 아주 특별한 음식을 만들었다고 해서 가 보고 오는 길이었어요. 그런데……."

부인은 잠시 말을 멈추고는 걱정스런 눈길로 이렇게 덧붙였다.

"어쩌면 좋아요? 이런 일이 일어나다니."

"그러게 말입니다. 저도 갑작스러운 일이라 그 소식을 듣고 몹시 놀랐답니다. 하지만 걱정 마세요. 하느님이 우리를 지켜 주시고 있는 한 아무리 강한 푸가초프라 할지라도 우리를 당해 내지 못할 겁니다."

"그랬군요. 그런데 푸가초프는 어떤 사람인가요?"

"아니, 그럼……."

그제야 이반은 부인에게 속았다는 사실을 눈치챘다.

"이반, 다른 사람에게는 비밀로 할 테니 무슨 일인지 말 좀 해봐요."

"안 됩니다. 대위님이 푸가초프에 관한 일은 비밀로 하라고 명령하셨어요. 전 부인께서 아시는 줄 알고 그만……."

"이왕 알게 된 거니까 속 시원히 얘기해 봐요. 비밀은 꼭 지킬게요."

할 수 없다고 생각한 이반은 아는 대로 부인에게 일러 주었다.

'음, 그렇구나. 그래서 나를 신부님 댁에 일부러 보낸 거로군.'

부인은 이반과 헤어진 뒤, 집으로 가기 전에 신부님 댁으로 발길을 돌렸다. 그리고 신부님의 부인에게 조심하라고 경고를 해 주었다.

"당분간 소를 들판에 풀어놓지 마세요."

"어머, 왜요?"

"혹시 난폭한 폭도들이 몰려올지도 모르니, 집에 매어 두세요."

단지 주의만 해 주려던 이야기는 결국 신부님의 부인에게 모든 사실을 알려 주고 말았다. 그러자 얼마 안 가 푸가초프에 관한 소식은 온 마을에 퍼져 버리고 말았다.

그 즈음 대위는 카자흐 인 하사 막시미치를 파견하여 푸가초프에 대한 소식을 알아오도록 지시를 내렸다.

"대위님!"

"오, 막시미치로군. 그래 정찰 나갔던 일은 어떻게 됐나?"

"이 요새로부터 얼마 떨어지지 않은 곳에서 아직 정체가 알려지지 않은 군대가 물밀듯이 몰려오고 있다고 합니다."

"이거 큰일이로군."

대위는 재빨리 요새를 수비하기 위한 준비에 들어갔다. 그러던 어느 날, 칼무크 인(몽고족의 하나) 율라이가 대위를 찾아왔다.

"긴히 드릴 말씀이 있습니다."

"그래?"

"카자흐 인 하사 막시미치란 자를 아십니까?"

"물론이지. 내 충실한 부하 가운데 한 사람이야. 그런데 왜 그러지?"

율라이는 침을 한 번 꿀꺽 삼키고는 나지막한 소리로 이야기했다.

"막시미치는 지금 이 곳에서 푸가초프와 내통하려는 카자흐 인들과 한 패입니다. 그가 이제까지 보고한 사실은 거짓말이 분명합니다."

"뭐라고? 그게 사실인가?"

"제 눈으로 똑똑히 보았습니다."

이 사실을 듣고 눈이 뒤집힐 듯이 놀란 대위는 사람을 시켜 막시미치의 뒤를 쫓게 했다. 결국 율라이의 말이 사실임을 확인한 대위는 막시미치를 창고에 가두었다. 이제 요새 이곳 저곳에서는 카자흐 인들이 몇

몇이 모여 수군거리는 일이 보통이었고, 때론 병사들에게 욕을 하고 도망가는 일도 종종 생겨났다.

그보다 미로노프 대위를 더욱 놀라게 한 것은 막시미치가 카자흐 인들의 도움을 받아 창고에서 도망을 친 사실이었다.

"이런!"

그를 곤란하게 만든 일은 이뿐만이 아니었다. 부하 중 한 사람이 마을 근처에서 주웠다며 여러 장의 종이를 들고 들어왔다.

"대위님! 이걸 좀 보십시오."

"그건 또 뭔가?"

"읽어 보면 아시겠지만 우리 요새에 있는 카자흐 인들을 부추기는 글로 아마 푸가초프가 시킨 것 같습니다."

부하가 내민 종이에는 다음과 같이 적혀 있었다.

　　　카자흐 인들이여! 나 푸가초프를 따르라. 그 동안 억울하고 억눌린 모든 일들을 해결해 주러 내가 왔노라. 나를 따르면 영원한 행복이 함께 할 것이며, 나를 해치려는 자는 죽음을 면치 못하리라.

대위는 부들부들 떨며 들고 있던 종이를 갈기갈기 찢어 버렸다.

"망할 놈!"

몹시 화가 난 대위는 다시 장교들을 불러 회의를 열었다. 그전에 부인과 마리아에게 또 다른 핑계를 댈 궁리를 찾았다.

"여보, 오늘 게라심 신부님께서……."

눈치가 빠른 대위의 부인은 남편의 말을 가로막고 나섰다.

"이젠 안 속아요. 오늘도 그 반란군 대장인 푸가초프에 대한 회의를 하려는 거지요? 이번에는 나도 회의를 지켜보겠어요."

"당신……. 알고 있었소?"

"물론이죠. 언제 위험한 상황이 닥칠지 모르는데, 나 혼자 모른 체 할 수는 없어요. 이 일은 군인만이 아니라 우리 모두의 일이에요."

미로노프 대위는 부인의 말에 감격을 했는지, 말없이 고개만 끄덕였다. 곧 몇 명의 장교와 대표들이 모였다.

"지금 마을에서는 방금 돌려서 읽어 본 푸가초프의 선동문이 비밀리에 나돌고 있소. 그것은 곧 그가 우리 가까이 왔음을 알리는 것이기도 하오."

"나쁜 놈! 아무것도 모르는 사람들을 위협하다니."

대위의 부인은 선동문을 읽어 보고는 두 손을 불끈 쥐고 욕을 했다.

"소문에 의하면 푸가초프는 이미 몇 곳을 가뿐히 점령했다는군."

"대단한 놈임엔 틀림없습니다."

이 때까지 잠자코 있던 시바브린이 한마디했다.

"얼마 전에 붙잡아 온 바시키르 인을 데려다 푸가초프에 대한 이야기를 들어 보는 게 좋겠군."

대위는 이반에게 창고에 가두어 둔 바시키르 인을 데려오라고 일렀다. 이반이 창고로 간 사이 대위의 부인이 자리에서 일어섰다.

"전 그만 나가보겠어요."

나는 대위 부인의 이런 갑작스런 태도에 깜짝 놀랐다.

'늘 군대의 일에 적극적인 부인이 왜 이 자리를 피하려는 걸까?'

내가 놀라는 눈치를 보이자 옆에 있던 시바브린이 내게 속삭였다.

"잠시 후면 알게 되겠지만, 대위님은 우리가 잡은 바시키르 인을 심문할 거야. 그래서 부인은 혹시 있을지도 모를 끔찍한 장면을 보지 않으려고 나간 거야. 아마 마리아를 위한 부인의 배려일지도 모르겠지만."

시바브린의 말대로 발과 손에 족쇄를 채운 바시키르 인이 나타났다. 그는 노인으로 몹시 흉측한 얼굴을 하고 있었다.

"바른 대로 대라. 너는 푸가초프와 한 패가 틀림없지?"

"⋯⋯."

너그러운 편이라고 생각했던 대위는 죄인을 무섭게 다루었다. 이런 모습을 처음 본 나는 대위가 무섭기조차 했다.

"호, 말을 안 하겠다. 율라이! 가서 채찍을 가져와."

바시키르 인은 두려움에 떨며 손을 내저었다. 몇 번의 심문 끝에 그는 푸가초프에 대해 아는 것이 별로 없다는 결론이 내려졌다.

이 곳에 모인 사람들은 대위를 비롯해 모두 불안한 마음을 떨쳐 버릴 수가 없었다. 잠시 침묵이 흘렀다.

"여보! 여보!"

조용한 가운데 숨을 헐떡이며 들어선 사람은 대위의 부인이었다.

"왜 그러오?"

"지금 이러고 있을 때가 아니에요. 큰일났어요!"

대위의 부인은 마치 푸가초프가 쳐들어온 것처럼 호들갑스러웠다.

"니즈네오조르나야 요새가 놈들의 손에 넘어갔대요."

"뭐라고? 그게 정말이야?"

"게라심 신부 댁에 들렀다가 그 곳 하인에게 직접 들었어요."

"오! 맙소사."

이 일은 우리 모두 놀랄 만한 소식이었다. 니즈네오조르나야 요새는 우리가 있는 곳에서 25킬로미터 밖에 떨어져 있지 않은 곳이었다.

"그럼 그 요새의 사령관과 병사들은 어떻게 되었는지 들은 게 있소?"

"그 나쁜 놈들이 글쎄, 조금도 주저하지 않고 사령관은 교수형에 처하고, 병사들은 포로로 잡아 가두었다는군요."

니즈네오조르나야 요새의 사령관이라면 나도 본 적이 있었다. 몇 달 전쯤 부임하는 길에 이 곳에 들러 하루를 지낸 적이 있었다.

'무척 성실하고 점잖은 사람이었는데, 그 때 아내도 함께 있었지.'

대위님도 새삼 푸가초프가 멀지 않은 곳에 있다는 걸 느끼는 듯했다.

"이제 우리 차례군."

나도 두려운 생각이 들어 머릿속이 어지러웠다.

'앞으로 어떻게 되는 걸까? 아, 그렇지. 그 동안 마리아를 잊고 있었 군. 이제 이 곳은 더 이상 안전한 곳이 아니야. 그녀를 이 곳에 머물 게 해서는 안 돼.'

여기까지 생각이 미친 나는 도저히 가만 있을 수 없었다.

"대위님, 우리 요새가 푸가초프의 공격을 받을 것이라는 것은 거의 확실합니다. 당연히 우리 병사들은 목숨을 내놓고 이 곳을 지켜야 한 다고 생각합니다만, 여자들은 어서 이 곳을 떠나게 해야 합니다."

"자네 말이 맞아. 오렌부르크 쪽이 아직은 안전할 것 같군. 여보, 당 신은 내일 당장 마리아와 함께 떠나도록 해요."

대위는 부인을 돌아보며 다짐을 했다.

"그럴 수 없어요."

"그건 무슨 소리요?"

"난 당신과 이 곳에서 지낸 지 벌써 20년이 넘었어요. 그 동안 큰 싸 움은 아니었지만, 바시키르 인이나 키르기스 인들과 여러 번의 충돌 이 있었어요. 만약 그 때마다 위험하다고 이 곳을 떠났더라면 아마 수십 번은 될 거예요. 제발 이번에도 그냥 당신 곁에 있게 해 줘요."

부인은 애원하며 대위에게 매달렸다.

"하지만 이번만은 다르오. 푸가초프란 인물은 만만한 상대가 아니오. 이제 그만 고집 부리고 내 말대로 하시오."

"그렇지 않아요. 이번에도 우리편이 승리할 거라고 믿어요. 하느님은 늘 정의로운 사람 편이니까요."

대위는 잠시 할말을 잊은 채 생각에 잠겼다.

"좋소, 당신이 그토록 원한다면 이 곳에 남아도 좋소. 하지만 마리아 까지 이 곳에 남게 할 수는 없소. 우리가 이길 경우와 지원군이 필요 한 때 와 준다면 큰 문제가 없겠지만 그렇지 않을 경우엔……."

"그렇군. 마리아를 여기에 놔 두는 것은 위험한 일이지요. 하지 만……."

"아무래도 당신은 마리아와 함께 이 곳을 떠나 오렌부르크에 있는 대 모님께 가는 게 좋을 듯싶소. 병사의 수도 많고 성벽도 튼튼하니 이 곳보다는 훨씬 안전할 거요. 어서 떠날 준비를 서두르시오."

부인은 이러지도 저러지도 못할 상황에 놓이자 괴로운 듯했다. 하지 만 이내 결심한 듯 다부지게 말했다.

"결심했어요. 마리아는 떠나보내도록 해요. 하지만 나는 당신 곁에 남겠어요. 앞으로 어떻게 될지 모르는데 당신 혼자 이 곳에 남아 있 게 할 수는 없어요. 무슨 일이 닥치더라도 당신 곁에 있겠어요."

"알겠소. 그럼 마리아는 내일 당장 보내도록 해요. 참, 마리아가 오늘 내내 보이지 않는 것 같은데."

"자기 방에 있다가 조금 전 산책 나갔어요."

마리아가 있을 곳이 결정나자 회의는 앞으로 있을 위험에 대한 대비 에 관해 계속되었다. 나는 그 자리에 멍하게 앉아 있을 뿐이었다.

저녁 식사 시간이 되자, 마리아가 모습을 드러냈다. 어머니에게서 근 방에 있는 요새의 함락 소식을 들었는지 안색이 좋지 않았다.

'마리아, 너무 걱정 말아요. 내가 당신을 지켜 주겠소.'

나는 마음속으로나마 그녀에게 이렇게 말해 주었다. 하지만 내 앞에서 식사를 하는 그녀는 한 마디 말도 하지 않았다.

대충 식사가 끝나자 우리는 대위에게 인사한 뒤, 그 곳을 나왔다.

"아 참, 내 정신 좀 봐."

"왜?"

내가 머리를 치며 놀라는 척을 하자 시바브린은 궁금한 듯 물었다.

"대위님 집에 칼을 두고 왔어."

"내일 다시 오면 그 때 챙기면 되지."

"아니야, 군인이 무기를 두고 다니다니 말도 안 되지. 할 수 없군. 자네 먼저 돌아가게나."

뒤돌아서서 뛰어가는 나를 시바브린은 멍하니 바라보았다. 사실 나는 일부러 내 칼을 대위의 집에 놓아두고 나왔던 것이다.

'이대로 마리아와 헤어질 수는 없어. 그녀가 떠나기 전에 말해야지.'

나는 마리아와 다시 한 번 만나기 위해 수를 썼던 것이다.

"아, 마리아!"

"혹시 이 칼을 찾으러 오신 건 아닌가요?"

막 대위의 집에 들어서려는 순간 마리아가 두고 나온 내 칼을 들고 나오려던 참이었다. 나는 칼을 받아들었다.

"표트르 안드레비치, 당분간 만나지 못할 것 같아요. 그 동안 늘 건강하기를 빌겠어요."

"내 사랑 마리아! 아무리 멀리 떨어져 있더라도 내 마음만은 항상 당신 곁에 있을 거요. 부디 잘 가시오."

나는 흐느껴 우는 마리아를 꼭 안아 주었다.

전 투

아쉬운 작별을 하고 집으로 돌아온 나는 잠을 이룰 수 없었다.

'날이 밝으면 마리아는 이 곳을 떠나겠지. 난 이 곳에 남아 더 이상 푸가초프가 난동을 부릴 수 없도록 최선을 다해 여기를 지켜야 한다. 그게 그녀를 위하는 길이다.'

푸가초프란 인물이 나타나기 전에 나는 마리아와 서먹한 사이였다. 아버지의 편지를 받은 뒤로 어떻게 할 수 없는 내 자신이 한심스럽기까지 했다. 하지만 지금은 마리아를 향한 내 마음을 확실히 알 수 있어 오히려 다행스러웠다.

몸을 뒤척이며 깊은 잠에 빠져들 수 없었던 나는 그대로 아침을 맞았다. 마리아를 배웅하기 위해 막 집을 나서려는 찰나였다.

"아니, 자네가 여기 웬일인가?"

하사 한 명이 숨을 헉헉거리며 급히 보고를 했다.

"장교님! 어젯밤에 율라이가 카자흐 인들에게 납치되었습니다. 게다가 요새 주변에 말을 탄 낯선 사람들이 서성대고 있다는 보고가 들어왔습니다."

"이런!"

무언지 심상치 않은 기운에 나는 덜컥 겁이 났다.

'흠, 생각보다 빨리 푸가초프가 온 것 같군. 마리아는 어찌 됐을까?'

대위의 집으로 서둘러 가는 동안 이런 생각들로 내 머릿속은 가득 찼다. 곧 대위의 사택에 당도한 나는 계단을 급히 뛰어올라갔다.

"대위님!"

"아, 표트르 안드레비치 장교님이로군요. 그러잖아도 지금 막 숙소로 부르러 가려던 참이었어요."

이반 이그나티치가 얼굴을 내밀며 나를 반겼다.

"그래? 그런데 대위님은 안 계신가?"

"예. 보루에 가 계십니다. 드디어 푸가초프란 놈이 우리 요새 근처에 나타났어요."

"마리아는 오렌부르크로 떠났나요?"

"요새가 완전히 포위된 상태라 오렌부르크로 가는 길이 막혔어요. 지금 이 안에서 꼼짝 못하고 갇힌 셈이지요."

나는 이반과 대위가 있는 곳으로 향했다. 이미 보루에는 요새에 있던 사람들이 모두 모여 있었다. 사실 보루라고 해 봤자 통나무로 주변을 둘러놓은 것뿐이었다. 거기에다 낡은 대포 몇 대를 가져다 놓았다.

병사들은 잘 정렬이 되어 있었으나 그 숫자가 너무 적었다. 대위가 그들 앞에 서서 흔들림 없는 모습을 보여 주고 있었다.

나를 발견한 대위는 손짓을 하며 불렀다. 그러고는 드넓은 벌판을 가리키며 설명을 해 주었다.

"저기 너구리 모자와 화살통을 어깨에 멘 사람들은 바시키르 인이고 나머지 말을 탄 사람들은 모두 카자흐 인들이야."

대위가 가리키는 곳을 바라다본 나는 내심 놀라지 않을 수 없었다. 숫자상으로도 우리보다 우세한 그들은 매우 용맹스럽고 날렵해 보이기까지 했다.

위험한 지경에서 대위는 오히려 침착하게 병사들에게 격려하며 큰 소리로 외쳤다.

"여러분! 모두 힘을 내시오! 우리는 여왕 폐하의 용감한 군인들이오. 마지막 순간까지 충성스런 군인으로 남기를 바라오."

"만세!"

대위의 힘찬 소리에 병사들도 힘을 얻은 듯했다. 내 곁에는 언제 왔는지 시바브린이 서 있었다. 나는 다시 눈길을 돌려 벌판 쪽을 바라다봤을 때 적들은 무슨 작전을 세우는지 한데 몰려 있었다.

"이 때다! 어서 대포에 불을 붙여라!"

대위는 그들을 한 방에 날려버리려는 듯 기회를 놓치지 않았다. 곧 대포가 발사되고 포탄이 날아갔다.

하지만 아쉽게도 포탄은 그들이 있는 곳과는 거리가 먼 곳에 어이없게 떨어지고 말았다. 적들은 재빨리 사방으로 흩어졌다.

"이런! 조준을 잘 했어야지."

대위는 아쉬운 듯 발을 굴렀다. 그의 옆으로 언제 나타났는지 대위의 부인과 마리아의 모습이 보였다.

"저 놈들의 머리 위에 대포알이 떨어졌어야 하는 건데."

부인은 혼잣말로 중얼거렸다. 대위는 보루에 나와 서 있는 딸이 염려되는지 걱정스럽게 물었다.

"마리아, 집에 가 있는 게 낫지 않겠니?"

"여기 있겠어요."

마리아는 이렇게 대답하며 나를 바라보며 살짝 미소를 지어 주었다.

'아, 마리아. 비록 전쟁터지만 당신을 바라볼 수 있어 다행이오. 무슨 일이 있더라도 당신을 꼭 지켜 주겠소.'

이 순간 마치 나는 마리아의 기사라도 된 것처럼, 가슴이 쿵쾅거리며 방망이질 쳤다.

"저기 놈들이 다시 나타났다!"

한 병사의 고함 소리에 우리들은 모두 그 곳을 바라보았다.

"세상에, 조금 전보다 몇 배나 많아졌군. 게다가 이젠 무기까지 완벽하게 갖추고 나타났어."

이반의 말대로 그들은 조금 전과는 달리 창과 활로 단단히 무장을 하고 드넓은 벌판을 가득 메우고 있었다.

그들 가운데 유독 눈에 띄는 사람이 있었다. 나는 마음속으로 그가 혹시 반란군의 대장 푸가초프가 아닐까 생각했다.

"저 놈이 푸가초프로군. 붉은 옷에 흰말을 타고 날 잡아보라는 듯이 어슬렁대고 있군. 어디 가까이 오너라."

대위는 기회를 노리고 있었다. 드디어 적들이 슬슬 움직였다. 앞장선 4명이 깃발을 앞세우며 말을 달려 우리의 보루 앞까지 당도했다.

'저 사람들은 어디선가 본 적이 있는 것 같은데.'

나중에 안 일이었지만 그들은 우리를 배반하고 푸가초프 쪽으로 간 카자흐 인들이었다. 그들 중 한 명이 쪽지 한 장을 머리 위로 흔들어 보였다. 그러자 옆에 선 다른 한 명이 창을 높이 들더니 무언가를 우리 쪽에 힘껏 던졌다.

"받아라!"

"앗!"

적이 던진 물건은 바로 율라이의 머리였다.

"잘 봐 둬라! 우리에게 항복하지 않으면 너희들도 이 꼴을 면치 못할 것이다. 하하하!"

"저 놈이 앞뒤 분간 못하고 설쳐 대는군. 자! 저들을 향해 총을 쏴 라."

화가 머리 꼭대기까지 난 대위는 공격 명령을 내렸다.

"탕 탕 탕!"

쉴새없이 쏟아지는 총을 피해 도망가던 적들 중 한 명이 총에 맞아 말에서 굴러 떨어졌다. 처음에 쪽지를 가지고 흔들어 대던 놈이었다.

총소리가 멎자 나는 마리아가 있는 곳을 흘깃 쳐다보았다. 그녀는 짐 작했던 대로 얼굴이 거의 하얗게 질려 있었다. 율라이의 죽은 머리를 보고도 정신이 나간 그녀가, 찢어질 듯한 총소리를 연이어 들었으니 저렇게 서 있는 것만도 다행이라고 여겼다. 다시 대위의 명령이 떨어졌다.

"이반! 말에서 떨어진 놈이 쥐고 흔들던 종이 쪽지를 가져오게."

"옛!"

잠시 후 돌아온 이반은 대위에게 종이 한 장을 건네주었다. 급히 펼쳐든 종이의 내용을 읽던 대위의 얼굴은 점점 일그러져 갔다.

"흥! 내가 이 곳에서 싸우다가 죽을지언정 네 놈에게 절대 무릎을 꿇고 항복하는 일은 없을 것이다."

미로노프 대위는 흥분한 나머지 종이를 마구 구겨 버렸다. 적들 역시 자기편이 총에 맞아 죽은 것을 보자 길길이 날뛰었다.

"공격하라!"

푸가초프의 명령이 떨어지자 적들은 일제히 총과 화살을 쏘아 댔다. 사방에서 비 오듯 화살이 날아왔다.

"앗! 어서 피해!"

화살은 우리가 있는 보루까지 사정없이 꽂혔다. 대위는 상황이 점점 급박하게 돌아가자 대위의 부인에게 소리쳤다.

"이제 더 이상 안 되겠소. 어서 마리아를 데리고 이 곳을 떠나시오. 조금 더 있다가는 마리아가 당장이라도 기절할 것 같소."

대위의 부인인 바실리사 예고로브나의 얼굴에 긴장감이 돌았다.

"아, 하느님! 부디 제 남편을 지켜 주세요. 마리아, 어서 아버지께 인사를 드려라."

"어머니……."

마리아도 어머니의 마음을 알아차렸는지 온몸을 부들부들 떨며 아버지 앞으로 발길을 옮겼다. 그녀는 대위 앞에 무릎을 꿇고 고개를 숙였다. 그러자 대위는 성호를 세 번 긋고는 마리아에게 입을 맞추었다.

"오, 마리아. 이런 곳에서 작별 인사를 하게 될 줄이야. 앞으로 사랑하는 사람을 만나 행복하게 살기 바란다. 하느님이 네게 올바른 길을 가르쳐 주실 게다. 부디 우리 부부가 살아온 것처럼 가정의 행복을 잘 만들어 가거라."

"아……."

마리아는 무슨 말로 아버지를 위로해야 좋을지 몰라 눈물만 흘렸다.

"그만 가거라. 어서!"

마리아가 떨어지지 않는 발걸음을 옮기는 순간, 대위의 부인이 앞으로 나와 작별의 키스를 했다.

"여보, 당신과 함께 사는 동안 제가 힘들게 했던 일은 모두 잊어 주세요. 좋은 기억만 간직하고 떠나고 싶어요."

"당신을 사랑하오."

대위는 이것이 마지막이라고 생각하니 눈가에 눈물이 맺혔다. 그는 부인을 품에 꼭 안아 주었다. 짧은 작별 인사가 끝나고 나자 두 여인은 떨어지지 않은 발걸음을 옮기며 뒤돌아섰다.

'마리아, 잘 가요.'

나 역시 멀어져 가는 마리아의 뒷모습을 보며 이렇게 말했다. 이런 내 마음이 그녀에게 전달되었는지 그녀가 뒤돌아보았다.

나는 얼른 그녀의 눈을 바라보며 고개를 끄덕여 주었다. 그녀 역시 고개를 숙여 내게 인사를 했다. 대위는 다시 적들의 동정을 살폈다.

"긴장을 늦추어서는 안 된다. 적들이 곧 쳐들어 올 것이다!"

이 말이 떨어지기가 무섭게 반란군들이 요새를 향해 달려왔다.

"조금만 더 오너라, 조금만 더……."

대위는 대포를 쏠 사정거리를 재며 기다렸다.

"이 때다! 쏴라!"

명령이 떨어지기가 무섭게 포탄은 적들을 향해 내리 퍼부었다.

"아이쿠!"

"피해라!"

적들은 떨어지는 포탄을 피해 양쪽으로 나뉘어 도망치기 시작했다.

"뒤로 물러서지 마라! 우리의 살길은 오직 진격에 있을 뿐이다! 도망치는 놈은 내 칼에 살아남지 못할 것이다!"

역시 반란군의 대장답게 푸가초프는 흔들림 없이 부하들을 다그치며 용기를 주었다. 다시 몰려든 적들은 일제히 요새를 향해 몰려왔다.

"자, 우리도 나가서 싸우자!"

대위는 보루에서 나와 반란군을 향해 진격했다. 하지만 우리 편의 숫자로는 겁 없이 밀려드는 반란군을 막아 낼 수 없었다. 미로노프 대위는 뒤로 한 치도 물러서지 않고 용감하게 앞장섰다.

"조금만 더 힘을 내라! 이제 요새는 우리 것이 될 것이다. 뒤로 물러서는 놈은 내 칼이 가만 있지 않을 것이다!"

"겁낼 것 없다! 싸워라!"

싸움은 점점 치열해져 갔다.

그 때 총알 하나가 대위의 머리를 스치고 지나갔다.

"윽!"

대위가 피를 흘리며 쓰러지자 나는 너무 놀라 부리나케 달려갔다.

"사령관님!"

"어서 저 놈을 묶어라!"

몇 명의 카자흐 인들이 달려들어 대위를 데려갔다. 그리고 나 역시 밧줄로 묶어 대위 곁으로 가지 못하게 막았다. 대위가 놈들에게 붙잡힌 것을 안 우리 쪽 병사들은 그만 사기를 잃고 싸울 생각을 하지 않았다.

결국 이 싸움은 푸가초프의 승리로 끝나고 말았다. 적들은 우리 측 병사들을 밧줄로 꽁꽁 묶어 자신들의 대장 앞으로 끌고 갔다.

요새 안의 마을 사람들도 이미 적들에게 항복한 채, 우리 측 병사들이 끌려가는 모습을 바라보고 있을 뿐이었다.

'아, 이제 모든 게 끝이로군.'

나는 포기한 채 광장으로 끌려갔다. 잠시 후 대위의 집에 있던 의자가 놓여지고 푸가초프가 모습을 드러냈다.

무릎을 꿇고 있던 나는 고개를 들어 가까이에 있는 그를 보았다. 우리 요새를 함락하고 더욱더 거만해진 그는 단상 밑에 있는 포로들을 만족스러운 듯이 바라봤다.

'눈이 굉장히 무섭군. 마치 짐승의 눈처럼 이글이글 불타고 있는 것 같아. 그런데 어디선가 본 적이 있는 얼굴인데? ……'

이런 와중에도 게라심 신부는 푸가초프의 뒤쪽에서 덜덜 떨며 십자가를 들고 있었다. 아마도 이미 붙잡힌 포로들을 위해 기도를 하고 있는 듯했다. 사람들이 모여서 수군대는 중에 푸가초프가 입을 열었다.

"이 곳의 대장이 누구냐?"

"……."

포로 중에서 아무도 대답이 없자, 푸가초프는 우리 측 하사관 한 명을 앞으로 불렀다.

"자, 말해 봐라. 대장이 누구인지 말한다면 너는 살려 주겠다."

"저기……."

목숨을 구할 수 있다는 말에 하사관은 주저없이 밧줄에 묶여 피를 흘리고 있는 대위를 가리켰다.

"저기 저 놈을 앞으로 끌고 오너라!"

대위는 카자흐 인들의 손에 이끌려 푸가초프 앞으로 갔다.

"그 동안 항복할 기회를 여러 번 주었을 텐데. 왜 새로운 황제인 나를 맞아들이지 못하고 내게 총을 겨누었지?"

푸가초프는 자연스럽게 자신을 황제라고 가리켰다. 이미 피를 많이 흘려 정신이 없는 대위였지만 황제란 소리에 정신이 번쩍 들었다.

"네 놈이 황제라고? 흥, 도둑놈 주제에 황제라니. 퉤!"

대위는 있는 힘껏 그를 향해 침을 내뱉었다.

"허, 빨리 죽고 싶은 모양이로군. 좋아, 네 소원대로 해 주마."

기분이 몹시 상한 푸가초프는 더 이상 대위와 말할 필요가 없다고 느꼈는지 곁에 있던 부하 한 명에게 지시했다.

"데려가!"

"옛!"

억센 팔로 대위를 양쪽에서 붙잡고는, 교수대로 끌고 갔다.

'아, 대위님.'

나는 밧줄에 묶인 채 어떻게 해 볼 도리가 없어 안타까운 마음으로 바라볼 뿐이었다. 잠시 후, 대위의 외마디 소리가 들렸다. 내가 고개를 들었을 때, 이미 대위는 교수대에 목이 매달린 채였다.

다음으로 푸가초프 앞으로 끌려나온 사람은 이반 이그나티치였다. 푸가초프 곁에 있던 충성스런 부하가 다그쳤다.

"자, 너도 저런 꼴을 당하기 전에 얼른 황제께 충성을 다짐하라!"

"흥, 네까짓 게 무슨 황제란 말이냐? 내 목에 칼이 들어와도 네 놈들에게 그따위 말은 할 수 없다."

"이 놈이 여기가 어디라고 함부로 입을 놀리느냐!"

푸가초프의 부하는 이반에게 달려들어 머리를 후려갈겼다.

"윽!"

"어떻게 할까요?"

"소원대로 해 줘라."

푸가초프의 명령이 떨어지자 이반은 즉시 교수대로 끌려가 대위 옆에 목이 매달리고 말았다.

'이번엔 내 차례군.'

나는 마음을 단단히 먹고 앞서 죽은 대위와 이반의 뒤를 따르기로 작정했다. 천천히 고개를 든 나는 푸가초프를 노려보았다.

"앗!"

그 때 나는 내 눈을 의심할 수밖에 없었다. 시바브린이 우리를 배신하고 반란군의 우두머리 사이에 보란 듯이 서 있었던 것이다. 그는 옷과 머리를 카자흐 식으로 한 채, 아무 양심의 거리낌도 없이 이제까지 함께 지내왔던 대위와 이반이 차례로 죽어가는 모습을 두 눈을 뜨고 지켜보고 있었다.

'저럴 수가! 아, 정말 무서운 놈이다.'

아마 내 눈이 예사롭지 않게 자신을 쏘아보고 있다는 것을 느꼈던지 시바브린은 얼른 푸가초프에게 다가갔다.

'아마도 나를 빨리 없애 달라는 부탁을 하려는 거겠지.'

내 추측대로 푸가초프에게 귓속말로 속삭이자 즉시 명령이 떨어졌다.

"저 자도 없애 버려라!"

푸가초프의 말 한 마디에 두 명의 반란군이 나를 교수대로 끌고 갔다.

'아, 그리운 부모님. 저는 여왕 폐하를 위해 목숨을 바칩니다. 그리고 나의 사랑 마리아, 당신을 사랑하오.'

교수대의 밧줄이 내 목에 걸리려는 짧은 순간에도 내 머릿속에는 여러 가지가 떠올랐다.

'하느님, 이제까지 지은 저의 모든 죄를 용서하세요. 그리고 제 주변에 있는 모든 사람들이 하느님의 축복을 받을 수 있도록, 은혜를 베풀어 주십시오.'

나는 조용히 눈을 감고 죽음을 기다렸다.

"안 돼! 기다려."

어디선가 낯익은 목소리가 들려왔다. 나는 감았던 눈을 번쩍 떴다.

"사벨리치!"

어디서 뛰어나왔는지 사벨리치는 급히 푸가초프가 있는 곳으로 다다갔다. 그는 아무 거리낌 없이 그의 발 밑에 무릎을 꿇었다.

"황제여! 제발 우리 도련님을 살려 주십시오. 젊은 장교 한 사람을 더 죽인다고 당신에게 이로울 게 뭐가 있겠습니까? 부디 자비를 베푸시어 죽이지 말아 주십시오. 그래도 꼭 죽여야만 한다면 저를 대신 죽여 주십시오."

사벨리치는 될 수 있는 대로 푸가초프의 비위를 맞추며 애원했다. 나는 아무 소용없는 짓이라고 생각했다.

'사벨리치……. 고마워. 하지만 잔인한 성격의 푸가초프가 사벨리치의 소원을 들어 줄 리가 없어.'

하지만 내 예상은 빗나갔다. 푸가초프가 사벨리치의 얼굴을 유심히 바라보더니 이내 자신의 부하에게 명령했다.

"저 젊은 장교를 풀어 줘라!"

나는 내 귀를 의심할 수밖에 없었다.

'내가 잘못 들었나? 분명 푸가초프가 나를 풀어 주라고 한 것 같은데. 사벨리치의 충성심에 감동이라도 된 걸까?'

곧 내 몸의 밧줄이 풀리고 나는 교수대를 내려와 다시 푸가초프 앞에 끌려나갔다. 그의 부하들은 나를 강제로 꿇어 앉히며 윽박질렀다.

"너를 살려 준 우리 황제에게 감사의 표시로 손에 키스를 해라."

순간 나는 당황스러웠다. 죽음 직전에 살려 준 것도 의외였지만, 반란군의 부하들이 시키는 대로 한다면 결국 항복하는 것이기 때문이었다.

'저 놈에게 항복의 표시를 할 수는 없어.'

나는 입을 꾹 다문 채 그 자리에서 움직이지 않았다. 나보다 애가 달은 것은 등뒤에 있던 사벨리치였다.

"어서 시키는 대로 하세요. 만약 도련님이 잘못 되면 제가 무슨 낯으로 주인 어른을 뵌단 말입니까? 제발……."

그래도 꿈쩍도 하지 않는 나를 사벨리치는 쿡쿡 쑤셔 대기까지 했다. 시간이 흐를수록 푸가초프의 표정이 점점 굳어져갔다.

"아무래도 이 놈이 제정신이 아닌 것 같다. 그만 풀어 줘라."

푸가초프는 최대한의 자비를 내게 베푼 것이었다. 나는 마침내 포로 속에서 풀려나 자유의 몸이 되었다. 그 곳을 에워싼 사람들 속에 잠시

서 있던 나는 놀랄 만한 일들을 볼 수 있었다.

"자, 앞으로 한 사람씩 나와 새 황제에게 인사를 드리시오."

푸가초프의 심복이 이렇게 외치자 이 곳 요새 사람들은 주저하지 않고 한 사람씩 앞으로 나와 충성을 맹세했다.

마을 사람들은 먼저 십자가에 입을 맞추고 푸가초프에게 절을 했다. 뿐만 아니라 포로가 된 요새의 병사들도 마찬가지였다. 이발사인 듯한 사람이 병사들의 머리를 카자흐 인들처럼 사정없이 잘라 버렸다.

"황제여! 죄를 용서하시고 부디 저를 받아 주세요."

병사들은 무릎을 꿇고 이렇게 애원했다. 병사들과 마을 사람들 모두의 충성스런 맹세가 끝날 즈음, 훌륭한 말이 한 필 준비되었다.

"어서 오르시지요."

부하들의 부축을 받으며 푸가초프가 말 위에 올랐을 때였다.

"이 무식한 놈들! 감히 내 집을……."

여인의 찢어질 듯한 비명 소리가 멀리서 들려왔다. 얼마 지나지 않아 반란군의 손에 이끌려 오는 대위 부인의 모습이 보였다.

"저런!"

나는 사람들 틈을 헤집고 막 대위의 부인 곁으로 달려나가려고 했다.

"안 됩니다. 도련님이 어떻게 하실 수 있는 일이 아니에요. 이 곳에 그냥 계십시오."

"어서 놓지 못해!"

사벨리치는 나를 붙잡고 놓아 주지 않았다. 내가 손을 쓸 겨를도 없이 대위의 부인은 남편의 목이 매달린 교수대로 뛰쳐나갔다.

"아아! 결국 이렇게 됐군."

대위의 부인은 복받쳐 흐르는 눈물을 참지 못하고 서럽게 울기 시작했다. 그러고는 푸가초프를 향해 매섭게 쏘아붙쳤다.

"이 도둑놈들! 감히 훌륭한 내 남편을 저 지경으로 만들어 놓다니. 프러시아 군이나 터키 군과 싸울 때도 얼마나 용감했는데……. 그런데 저런 하찮은 탈주범에게 목숨을 내놓다니……."

"뭣들 하고 있어! 얼른 저 늙은 여자를 없애 버리지 않고."

성난 푸가초프의 명령이 떨어지기가 무섭게 한 반란군의 칼이 사정없이 대위의 부인을 향해 내리쳐졌다.

"악!"

결국 대위의 부인은 그 자리에서 숨을 거두고 말았다.

"아아……. 너무 끔찍해!"

"도련님, 정신 차리세요."

나는 두 손을 얼굴에 감싸쥐고 흐느꼈다. 곧 푸가초프는 말을 타고 광장을 떠났고, 사람들도 하나 둘씩 그 곳을 떠났다. 한 동안 나는 그 곳에서 움직일 줄을 몰랐다. 내 몸에서 혼이 빠져 나간 듯 멍했다.

"도련님, 안색이 좋지 않아요. 어서 숙소로 가십시다."

사벨리치는 걱정스러운 듯 내 팔을 흔들며 이렇게 말했다. 그 순간 정신이 번쩍 들며 마리아가 생각났다.

'그렇지, 마리아가 있었지. 그녀는 어떻게 됐을까?'

급히 대위의 집으로 뛰어간 나는 숨을 헐떡이며 문을 열어 보았다. 집안은 엉망진창이었다. 가구들은 여기저기 나뒹굴고, 깨진 그릇이 널려져 있었다.

"마리아! 마리아!"

사람들의 모습은 보이지 않았다. 나는 불길한 생각이 들어 미친 듯이 그녀의 이름을 부르며 여기저기 뛰어다녔다.

마리아의 방은 더욱 어처구니없게 망가져 있었다. 침대는 뒤집혀져 있고, 옷장은 활짝 열려져 있었다.

'혹시……'

나는 마리아가 반란군들에게 붙들려 간 게 아닐까 하는 생각이 들었다. 그러자 갑자기 가슴이 터질 것 같아 목놓아 울었다.

"아, 마리아……."

그 때 바스락거리는 소리가 들려왔다. 눈물에 가려 앞이 잘 보이지 않았지만 사람임에 틀림없었다.

"표트르 안드레비치 도련님이신가요?"

내 이름을 부르며 다가온 사람은 다름 아닌 하녀 팔라샤였다.

"아니, 당신은……."

"팔라샤예요. 도련님이 맞군요."

나는 너무 반가워 팔라샤의 두 손을 꼭 쥐었다.

"마리아는 어떻게 됐지?"

"걱정하지 마세요. 아가씨는 잘 있어요."

팔라샤의 말에 나는 안도의 한숨을 내쉬었다.

"지금 어디 있지?"

"마님께서 대위님에게 작별 인사를 하고 집으로 돌아오셔서는 잠시 멍하니 앉아 계셨어요. 그리고 무슨 생각이 들었는지 아가씨를 게라심 신부님 댁에 보내셨어요. 아가씨는 마님과 함께 있겠다고 떼를 썼지만 결국 마님의 말을 따를 수밖에 없었어요."

"마리아가 지금 신부님 댁에 있단 말이야?"

"예."

푸가초프가 광장을 떠나기 전에 분명 게라심 신부님 댁에서 점심 식사를 하겠다는 말을 들은 적이 있던 나로서는 놀라지 않을 수 없었다.

'만약 마리아가 대위님의 딸이라는 것이 밝혀지는 날에는 가만 놔 두지 않을 거야. 어서 신부님 댁으로 가야겠다.'

나는 팔라샤에게 일이 급하게 됐음을 말해 주고 부리나케 대위의 집을 빠져 나왔다. 신부님 댁은 잔칫집처럼 흥겨웠다. 반란군들이 요새에서의 승리를 축하하며 마음껏 술을 마시며 떠들고 있었다.

'난데없이 불쑥 들어가 볼 수도 없고 이를 어쩌지?'

신부님 집 근처에서 얼씬대며 발을 동동 구르고 있는 내 어깨를 툭 치는 사람이 있었다. 그 사람은 깜짝 놀라며 소리치려는 내 입을 얼른 막으며 속삭였다.

"쉿!"

어느 새 내 뒤를 따라왔는지 하녀 팔라샤가 나를 바라보고 있었다.

"혹시나 도움이 될까 해서 따라왔어요. 제가 저 곳으로 들어가서 신부님 부인을 만나 보고 오겠어요."

"그게 좋겠군."

팔라샤는 얼굴에 수건을 둘러 다른 사람이 눈치채지 못하도록 하고 안으로 들어갔다. 나는 두 손을 비비며 기다렸다.

"도련님!"

잠시 후, 팔라샤의 나지막한 목소리를 들은 나는 뒤돌아섰다. 그 곳에는 게라심 신부님의 부인이 술항아리를 들고 서 있었다.

"마리아는 괜찮습니까?"

신부님의 부인은 안을 흘낏 쳐다보더니 나를 보고 고개를 끄덕였다.

"아직은 괜찮아요. 조금 전 일 때문에 등골이 오싹하기는 했지만요."

"무슨 일이라도 있었나요?"

부인이 내게 들려준 이야기는 대강 이러했다.

게라심 신부님 댁으로 옮겨 온 마리아는 마음과 몸이 몹시 지쳐 앓아 눕고 말았다.

광장에서 이 곳 병사들과 마을 사람들의 신고식을 마친 푸가초프는 신부님 댁을 찾아와 식사를 하고 있었다.

"음음......."

옆방 침대에 누워 있던 마리아가 정신이 드는지 신음 소리를 내기 시작하자 푸가초프는 신부의 부인에게 물었다.

"옆방에서 무슨 소리가 들리는 것 같은데 누가 있나?"

"아, 사실은 제 조카딸이 몸이 약해져 기운을 차리지 못한 지가 벌써 여러 날이 됩니다."

"그래? 몇 살이나 되었나?"

"아직 어립니다만."

푸가초프는 무슨 낌새를 차린 것처럼 게라심 신부의 조카딸에 대해 여러 가지를 물어 보며 깊은 관심을 나타냈다.

"내가 한 번 보고 싶은데?"

"옛?"

신부의 부인은 너무 놀라 정신이 없었다.

'뭐라고 대답을 해야 하지? 못 보여 주겠다면 필시 의심할 텐데.'

이리저리 궁리를 하던 신부의 부인은 궁색한 변명을 했다.

"제 조카딸은 지금 거의 혼수 상태라 황제 폐하를 보러 나올 수가 없습니다. 몸이 나아지면 찾아뵙도록 하겠습니다."

그러나 일단 위기를 넘겼다고 생각하고 안도의 한숨을 쉬려던 참이었다.

"그렇다면 내가 직접 가 보기로 하지."

푸가초프는 자리에서 벌떡 일어나 옆방으로 향하는 문을 열었다. 신부의 부인은 그 자리에 털썩 주저앉고 싶은 심정이었다.

방에 들어선 푸가초프는 침대에 누워 있는 마리아의 곁으로 다가가 무심히 그녀를 내려다보았다. 다행히 마리아는 곁에서 누가 자신을 바라보고 있는지도 모를 정도로 깊은 잠에 빠져 있었다.

그 순간이 어떻게 지나갔는지 모를 정도로 신부의 부인은 다리가 후들거렸다. 다행히 푸가초프는 마리아가 대위의 딸이라는 사실을 알아차리지 못했다.

신부의 부인은 내게 이런 일을 이야기하면서, 그 상황이 새삼 떠오르는지 한숨을 내쉬었다.

"정말 아찔한 순간이었어요. 참, 대위님은 정말 안 되셨어요. 참 좋은 분이셨는데 그렇게 험한 꼴을 당하시다니. 대위님의 부인 역시 더할 나위 없이 씩씩하고 마음이 넓은 분이셨는데……."

"저 역시 악몽을 꾸고 있는 기분입니다."

나는 다시 침울한 기분이 되어 혼잣말을 했다.

"그런 악당들 곁에 붙어 아부를 하는 사람도 있으니, 정말 하늘이 무섭지도 않나 봐요."

"누구 말씀인가요?"

"마치 자신이 카자흐 인이 된 것처럼 머리를 깎아 올리고 흥이 나서 떠들어 대고 있는 시바브린 말이에요."

광장에서 반란군 틈에 나란히 서 있던 시바브린이 떠올랐다.

'나쁜 놈!'

나는 당장이라도 그 놈을 붙잡아 혼을 내주고 싶었다. 하지만 지금은 그럴 상황이 아니란 것을 잘 알고 있었기 때문에 울분을 삭였다.

"마리아를 내 조카딸이라고 거짓말을 했을 때, 시바브린도 푸가초프 곁에 있었어요. 나는 아차 하며 시바브린을 바라보았죠."

"그래서 어떻게 됐나요?"

"내심 긴장하고 있는데, 아무 말도 하지 않더군요. 아마 자기도 조금의 양심이 남아 있었나 보죠."

신부의 부인 역시 시바브린을 나쁜 놈이라고 욕을 했다.

"아니, 술이 다 떨어진 지가 언젠데 아직도 가져오지 않나?"

"금방 가져올 테니 잠시만 기다리십시오."

집안에서 병사들이 떠드는 소리가 밖에까지 흘러나왔다. 게라심 신부님은 급히 부인을 찾았다.

"여보! 어디 있소?"

"예, 곧 가요."

신부님의 부인은 안에다 대고 소리를 지른 뒤, 나에게 당부를 했다.

"이제 그만 들어가 봐야겠어요. 당신은 어서 숙소로 가세요. 저 자들은 지금 술에 취해 당신이 나타난 걸 알면 가만 두지 않을 거예요."

"알겠습니다. 그럼 마리아를 잘 좀 부탁해요."

서둘러 집 안으로 들어가는 부인을 보고 나는 그 곳을 떠났다. 마리아를 두고 발길이 떨어지지 않았지만 당장 어쩔 수가 없었다. 숙소로 가는 도중에 나는 교수대 근처를 지나게 되었다.

'시체에서 장화를 벗기고 있군. 치사한 놈들 같으니라고.'

당장 달려가 그런 짓을 못하게 뺨이라도 때리고 싶은 심정이었다. 하지만 두 눈을 질끈 감고 그 곳을 지나쳤다.

반란군들은 거리 곳곳을 누비고 다니면서 행패를 부리고 있었다. 함부로 물건을 빼앗는가 하면, 장교들의 집을 함부로 들락거리고 있었다.

"와, 이 물건 괜찮은데."

"어디 나도 좀 보자. 자네 솜씨는 알아 줘야 해. 꽤 쓸만한 걸."

그들은 훔쳐 온 물건들을 내보이며 자랑을 했다. 나는 서둘러 내 숙소로 발길을 옮겼다.

오렌부르크를 향하여

"도련님!"

내가 돌아오기만을 눈이 빠지게 기다리던 사벨리치는 나를 보자마자 큰 소리로 불렀다.

"드디어 돌아오셨군요. 정말 다행이에요. 혹시나 다시 그 놈들에게 붙들려 간 줄 알고 얼마나 마음을 졸였는지 몰라요."

"자네 때문에 목숨을 건졌네."

사벨리치는 조금 전에 있었던 일을 일러 주었다.

"제가 집으로 서둘러 와 보니 벌써 집이 놈들에게 털렸어요. 값나가는 물건은 물론이고 옷, 밥그릇 등 집안에 남아 있는 게 없어요."

"그만 해. 우리 숙소 뿐만이 아닐 거야."

"도련님 말이 맞아요. 아무리 비싼 물건을 도둑 맞았다고 할지라도 이렇게 도련님이 살아 돌아오신 것에 비할 수는 없지요. 그 도둑놈이 뒤늦게 도련님을 알아봤기에 망정이지 그렇지 않았으면 아마……."

나는 사벨리치의 말이 무슨 뜻인지 몰랐다.

"무슨 소리야? 누가 나를 알아봤다는 말이야?"

"아니, 아직도 모르셨어요? 우리가 이 곳으로 올 때 심한 눈보라를 만난 적이 있었는데 기억 나시죠?"

"물론이야. 마차를 돌릴까 생각할 정도로 대단한 날씨였지."

"그 때 한 사람의 안내를 받아 여관을 찾고, 도련님이 그 답례로 토끼털 외투를 선물하셨죠. 그 안내인이 바로 푸가초프예요."

"설마?"

나는 사벨리치의 말을 믿을 수가 없었다.

"도련님도 참, 왜 제 말을 믿지 못하시나요? 그 작은 토끼털 외투를 억지로 껴입으려고 안간힘을 썼던 그 사람이 맞다니까요."

그제야 나는 푸가초프의 얼굴을 자세히 떠올려보았다.

'어쩐지 낯이 익다고 생각했어. 그래서 교수대에 선 나를 죽이지 않았던 거로군. 결국 내 토끼털 외투가 나를 죽음에서 건져 준 셈이군. 술주정뱅이가 어느 날 황제라 떠들어 대며 사람들을 모아 여기저기를 침략하고 있다니.'

기가 막히기도 하고 어떻게 생각하니 웃음이 절로 터져나왔다.

"도련님, 뭐가 그렇게 우습나요?"

"하하하……. 아, 아무것도 아니야."

"그럼 저는 밖에 나가, 먹을 걸 좀 구해 볼 게요. 집에 남아 있는 거라곤 아무 것도 없어요."

사벨리치는 서둘러 밖으로 나갔다. 순식간에 엄청난 일을 겪은 내게 사방이 조용한 숙소는 참기 어려웠다.

'앞으로 내가 가야 할 길은 어디지? 이 곳은 이제 반란군이 점령해 버렸으니 더 이상 남아 있을 필요가 없다. 그렇다면 조국을 위해 이 곳을 떠나 일단 오렌부르크로 가야 할 것 같군.'

하지만 한편으로는 마음 한 구석에서 나를 붙잡는 마리아가 있었다. 내 머릿속은 점점 혼란스러워졌다.

'이 곳에는 아직 마리아가 남아 있질 않나. 그녀의 부모님은 이미 세상을 떠났고, 의지할 곳이라곤 오직 나뿐이야. 그런데 내가 훌쩍 이 곳을 떠나버린다면 앞으로 그녀의 앞날은 어둠의 나날이 될 거야.'

한참 복잡한 생각에 마음을 가눌 길이 없는데, 누군가 문을 두드리는 소리가 들려왔다.

"똑똑!"

나는 문 쪽으로 가 방문을 열었다.

"무슨 일인가?"

밖에는 푸가초프의 부하로 생각되는 카자흐 인 한 명이 서 있었다.

"헤헤, 황제 폐하의 심부름입니다. 지금 미로노프 대위의 집으로 모셔오라고 하시니 저와 함께 갑시다."

"그래?"

나는 고개를 갸웃거리며 무슨 일일까 생각해 보았지만, 그 이유가 딱히 떠오르지 않았다. 궁금함을 뒤로 한 채 심부름을 온 자의 뒤를 따랐다. 카자흐 인은 앞서 가면서 입을 쉬지 않고 놀려 댔다.

"새로운 폐하는 정말 대단한 분이십니다. 제가 본 사람 중에……."

아무런 대꾸를 하지 않아도 그는 상관하지 않았다. 아직도 교수대에는 낮에 본 시체들이 그대로 매달려 있었다.

'낮에 있었던 악몽이 되살아나는 것 같군.'

어느 새 대위의 집에 도착했다. 집 앞에는 보초 두 명이 서 있었다. 앞서 가던 카자흐 인이 뒤돌아보며 내게 일렀다.

"안에 들어가 보고를 하고 나올 테니 여기서 기다리세요."

"알았네."

잠시 후, 안에 들어갔던 그 자가 다시 나와 나를 대위의 집 안으로 안내했다. 집 안에 들어서는 순간, 술 냄새가 코를 찌르는 듯했다.

'많이들 마신 모양이군.'

꽤나 많은 술병이 탁자 위에 여기저기 굴러다니고, 가운데 앉은 푸가초프를 중심으로 열 명 정도의 카자흐 인들이 둘러앉아 있었다.

그들은 하나같이 알록달록한 루바슈카를 위에 걸치고 두 눈은 벌개져 있었다. 나는 아는 얼굴이 없나 싶어 두리번거렸다.

'흠, 시바브린이나 우리 편에서 반란군으로 건너간 사람들은 한 사람도 보이지 않는군.'

나를 데리고 온 카자흐 인이 푸가초프 앞으로 가, 그의 귀에 대고 뭐라고 속삭이자 푸가초프는 그제야 나를 알아보았다.

"장교, 어서 오시오. 자, 이리로 앉으시오."

푸가초프가 이렇게 말하자 주위에 있던 카자흐 두목 중 한 명이 자리를 내주었다. 내가 자리에 앉자 푸가초프는 마시고 있던 술병을 들어 술을 따라 주었다.

"마셔요. 기분이 좋아질 거요."

"……"

나는 아무런 대답도 하지 않고 술잔을 살짝 입에 대고서는 금방 다시 내려놓았다. 그들과 별로 술을 마시고 싶지 않았던 것이다. 그보다 그들이 어떤 자들인지 궁금하여 하나하나 눈여겨보았다.

푸가초프를 가장 가까이에서 본 것은 이번이 처음이었다. 수염 난 턱을 팔로 괴고 있는 모습은 그리 나쁜 인상은 아니었다.

'잔인하게 사람들을 죽이는 걸로 봐서 매우 흉악한 얼굴을 가진 사람인 줄 알았는데, 생각보다 괜찮은 얼굴 표정을 가졌군.'

그 곳에 모여 있던 대부분의 사람들은 푸가초프를 특별히 대우하지 않는 것 같았다. 자칭 황제라고 하는 푸가초프 바로 곁에 앉은 사람과는 특별히 친해 보이는 것말고는 서로 간에 스스럼이 없었다.

"이 요새를 점령한 것은 여러분들 덕분이오. 뒤처지는 병사들을 북돋아 잘 싸워 주었소. 자, 앞으로 우리가 점령해야 할 곳은……."

"당연히 오렌부르크로 가야지요."

"그렇소. 다들 잘 알고 있군."

그들은 내가 옆에 있다는 것은 아랑곳하지 않고 진지하게 이야기를 나누었다.

'점점 갈수록 대담해지고 있군.'

한 카자흐 인이 선뜻 나섰다.

"오렌부르크를 공격하는 일은 미룰 것 없이 내일 당장 갑시다!"

"옳소!"

"병사들의 사기가 충만해 있을 때 공격합시다."

푸가초프는 흡족한 얼굴로 씩 웃었다.

"여러분, 당신들은 황제의 신하가 될 자격이 충분하오. 오늘은 충분히 쉬도록 하고 다음 작전은 다시 모여 회의를 합시다. 자, 헤어지기 전에 누가 내가 좋아하는 노래를 한 곡 불러 주겠소?"

"황제를 위해 제가 부르지요."

"오, 추마코프 자네로군. 어서 큰 소리로 부르시오."

내 곁에 앉아 있던 푸가초프의 부관 한 명이 벌떡 일어나 목청껏 노래를 불렀다.

'의외인데? 군가를 부를 줄 알았는데 꽤 슬픈 곡조의 노래로군.'

뱃사공들의 슬픈 설움이 실린 구슬픈 노래였다. 곧 추마코프를 따라 하나 둘씩 노래를 부르기 시작했다.

나를 깨우지 마라, 푸른 숲의 바람이여.

내 젊은 혈기를 잠 재우지 말라.

비록 내일 당장 재판을 받는다 할지라도.

재판관이 내게 소리칠 것이니

가난한 농부의 아들아!

나쁜 짓을 한 사람들의 이름을 대라

그러면 나는 이렇게 대답할 것이다

내 친구들은 네 명입니다.

칠흑같이 어두운 밤이 그 하나요,

단단한 칼 한 자루가 그 둘이요,
쌩쌩 달리는 백마가 그 셋이요,
마지막 친구는 단단한 활이오.
여기에 하나를 덧붙인다면
뾰족한 화살이 있소.
재판관인 황제께서 흡족해 하며
매우 영리한 젊은이로다!
탄복하며 상을 내리셨다.
드넓은 벌판에 두 개의 기둥
그 위에 들보를 가로질러 주마.

그들이 부르는 노래는 내 마음에 감동을 주었다.

나는 그들이 결국에는 교수대로 가게 될 것이라고 믿고 있었다. 추마코프를 선두로 합창이 되어 버린 노래가 끝이 나자, 그들은 술잔을 높이 들고 외쳤다.

"황제를 위하여!"

"카자흐 인 만세!"

건배를 한 그들은 들고 있던 술을 단숨에 비워 버렸다. 곧 모임은 끝이 난 듯 하나 둘 자리에서 일어섰다. 나도 그들을 따라 밖으로 나가려던 찰나였다.

"잠깐, 자네는 기다리게."

곧 함께 술을 마셨던 카자흐 인들이 모두 빠져 나가고 그와 나, 단둘이 남게 되었다. 마주 보는 자리에 앉게 된 나는 푸가초프가 무슨 말을 하기를 기다렸다.

하지만 그는 내 얼굴을 빤히 바라볼 뿐 아무 말도 하지 않았다. 그러다가 혼자 히죽거리더니 마침내 큰 소리로 웃었다.

'왜 저러는 걸까?'

죽음으로 대항하지 못한 나를 비웃는 것 같아 처음엔 기분이 몹시 나빴다. 하지만 그의 웃음은 별로 악의가 없어 보였다. 그러는 사이에 나도 모르게 웃음이 나왔다.

"흐흐, 그 때 자네와 처음 만난 때를 생각하니 웃음이 나는군. 참, 교수대에 목이 걸렸을 때 기분은 어땠나?"

나는 아무런 대답도 할 수 없었다.

"아, 말하지 않아도 알 것 같네. 그 때 자네 하인 영감이 나서지만 않았어도 지금 이 자리에 없었을 거야. 나는 그 영감을 단번에 알아봤지. 내게 자네의 토끼털 외투를 주지 않으려고 악을 썼던 걸 어떻게 잊을 수가 있겠어."

푸가초프는 아주 즐거운 듯이 말을 이어갔다.

"자네는 내가 눈 속에서 길을 안내해 준 사람이라는 것을 알고 있었나? 그 때 나는 몹시 어려운 지경이었어. 그런 나를 따뜻하게 보살펴 준 자네의 은혜를 잊지 않고 있어. 자네 목숨을 구해 준 것은 조그만 보답일 뿐이야. 이 나라의 황제가 되는 날 자네에게 진 빚을 단단히 갚을 셈이네. 자, 나를 믿고 내 부하가 되어 주지 않겠나?"

나는 대답 대신 씩 웃어 버렸다.

'흥, 무슨 수작을 부리려는 걸까?'

그러자 그는 기분이 상했는지 거친 말로 다그쳤다.

"자네 눈에 내가 우스워 보이는가? 황제라는 말이 귀에 거슬리기라도 한단 말인가?"

성난 그의 말에 나는 아무런 대답도 하지 못했다.

'저 사람을 황제로 인정할 수는 없어. 하지만 여기서 솔직히 내 마음

을 드러낸다면 필시 나를 그냥 두지 않을 거야.'

광장에서 나는 대위와 같이 당당하게 하고 싶은 말을 내뱉고 죽는 것이 군인의 진정한 모습이라고 여겼지만 지금은 달랐다.

'하나뿐인 내 목숨을 말 한 마디로 끝낼 수는 없어. 비굴하지 않으면서도 저 사람의 비위를 건드려서는 안 돼.'

푸가초프는 다시 나를 재촉했다.

"어서 말해 보시오. 나를 황제로 인정하겠소?"

"지금 내가 무슨 대답을 하든지 그게 뭐가 그리 중요하겠습니까? 당신은 이미 답을 알고 있습니다."

"음, 아주 그럴싸하게 둘러대는군. 좋아, 그렇다면 내가 하는 일에 대해서 어떻게 생각하는가?"

"결과는 나중에 사람들에 의해 평가를 받겠지만, 내 눈에는 당신이 공중에서 외줄을 타는 느낌이오."

내 말에 그는 잠시 생각에 젖는 눈치였다.

"후후, 솔직한 대답이로군. 자네는 내가 표트르 3세 황제가 된다는 것을 인정할 수 없단 말이지. 하지만 인생은 모험이야. 남들이 하지 못하는 것을 도전하는 자만이 황금을 얻을 수 있단 말일세."

푸가초프는 수도승 그리슈카 오트레피예프가 사람들을 속여, 모스크바에서 한 동안 황제로 있었던 일을 자신 있게 이야기했다.

"본래 어떤 인물이었는가는 중요하지 않아. 앞으로 어떻게 될 수 있는가 하는 것이 남았을 뿐이지. 어쨌든 자네는 내 곁에 남아 나를 따르는 것이 좋을 거야. 내게 은혜를 베푼 사람을 난 절대 배신하지 않거든. 자네 마음먹기에 따라 자네 인생이 훤하게 달라질 수 있으니 내 말 명심하게."

나는 조용한 말로 이렇게 대답했다.

"높은 지위는 나에게 중요하지 않아요. 이 나라의 귀족 출신인 나는 이미 여왕 폐하에게 충성을 맹세하였소. 우리 집안에 흠이 가지 않도록 나를 오렌부르크로 가게 해 주시오. 그게 내가 바라는 바입니다."

"고집이 무척 세군."

물끄러미 나를 바라보던 푸가초프는 한 가지 제안을 했다.

"좋아, 자네 말대로 해 주지. 하지만 내게 한 가지만 약속해 주게."

"무슨?"

"혹시 이 곳을 떠난 뒤 나를 다시 만나게 되더라도 내 얼굴에 총을 들이대지 않겠다고 말이야."

나는 고개를 가로저었다.

"그건 제가 할 수 있는 일이 아닙니다. 군대란 명령에 복종하는 곳입니다. 내 상사가 당신을 잡아들이라는 명령을 내리면 난 그렇게 할 수밖에 없어요. 그건 말하지 않아도 당신이 더 잘 아실 텐데요."

"역시 자네답군."

푸가초프는 더 이상 나를 굴복시키기 어렵다는 것을 알고 조금은 실망한 빛이 얼굴에 떠올랐다.

"내가 졌네. 자네를 처음 봤을 때도 곧은 사람일 거라고 생각했어. 그래서 자네를 교수대에서 살려 주고는 내 사람으로 만들려 했지. 하지만 이제 자네를 이 곳에서 풀어 주겠어. 어디든지 자네가 가고 싶은 곳으로 가게."

"아……."

"자, 내일 다시 만나 마지막 인사를 하기로 하고 그만 가 보게."

그는 피곤한지 자리에서 일어나 방으로 들어가 버렸다. 벌써 밤이 깊어 사방이 조용하기만 했다.

'아, 달이 무척 밝군.'

오늘따라 밝기만 한 달이 무척 서글퍼 보였다. 달빛이 비추고 있는 마을이 왠지 낯설기만 했다.

숙소로 돌아오는 길에 나는 게라심 신부님 댁을 지나가게 되었다.

'문이 굳게 닫혀 있군. 아, 마리아의 몸은 좀 어떨까?'

마리아를 보고 싶은 마음은 간절했지만 나는 발길을 돌릴 수밖에 없었다. 숙소로 돌아오니 사벨리치가 반갑게 맞아 주었다.

"오! 어디를 다녀오셨나요? 먹을 것을 구해 가지고 돌아와 보니 도련님이 안 계셔서 무척 걱정했어요."

"그랬군. 푸가초프가 나를 찾는다고해서 급히 다녀오는 길일세."

"그 놈이 왜 도련님을 보자고 했나요?"

걱정스런 눈길로 사벨리치는 나를 바라다보았다.

"자기의 부하가 되면 높은 지위와 안정된 생활을 보장해 주겠다는 군."

"뭐라고요? 그래서 도련님은 뭐라고 말했나요?"

"그렇게 할 수 없다고 했어. 그랬더니 잠깐 고민하는 눈치더니 나를 그만 풀어 주겠다고 하더군."

그제야 사벨리치는 환한 얼굴로 환호성을 질렀다.

"정말이요? 오, 하느님 감사합니다. 그 놈의 마음이 변하기 전에 내일 날이 밝는 대로 여기를 떠납시다. 늦기는 했지만 저녁 식사를 준비해 두었으니 어서 드세요."

"아니야, 그 자가 벌인 잔치에서 조금 먹었네. 그보다 몹시 피곤하니 잠을 좀 자야겠어."

하지만 사벨리치는 차라도 한 잔 마셔야 한다면서 굳이 차려 내왔다. 나는 따뜻한 차를 마시고는 그 자리에 쓰러져 잠이 들었다.

다음 날, 어디선가 들려오는 북소리 때문에 잠에서 깬 나는 사벨리치를 찾았다.

"사벨리치!"

"예! 도련님 찾으셨나요?"

"저 북소리는 뭔가?"

"그렇찮아도 궁금해서 밖에 나가 봤더니, 푸가초프의 부하들이 서둘러 교수대 근처로 몰려들어 정렬을 하고 있어요."

"그래? 나도 어서 나가 봐야겠군."

말리는 사벨리치를 뿌리치고 나는 서둘러 옷을 차려입고 교수대로 나갔다. 벌써 반란군들은 깃발을 들고 일렬로 정렬을 하고 있었다. 그 앞으로 말 탄 병사들이 이리저리 돌아다니고 대포 몇 문이 수레 위에 준비되어 있었다.

마을 사람들도 하나 둘씩 나타나기 시작하더니 곧 광장을 가득 메웠다. 대위의 집 앞에는 한 병사가 백마를 준비한 채 푸가초프가 나오기를 기다리고 있었다. 그 한 쪽으로 거적을 아무렇게나 덮어놓은 대위부인의 시체가 어렴풋이 보였다.

'짐승만도 못한 놈들!'

참았던 울분이 솟아올랐다. 그 때 대위의 집 계단에서 푸가초프가 모습을 드러냈다.

"와! 황제 만세!"

그 곳에 몰려 있던 사람들은 일제히 그를 향해 환호성을 질렀다.

'저들은 저 자를 정말 황제로 생각하는 걸까? 아니면 목숨을 부지하기 위해 저렇게 거짓 함성을 질러 대는 걸까?'

마을 사람들 사이에 서 있던 나는 갈피를 잡을 수 없었다. 곧 병사들이 나서서 사람들에게 무언가 지시를 했다. 그러자 마을 사람들은 모두 모자를 벗어 공손하게 푸가초프를 향해 경의를 표했다.

푸가초프 역시 걸음을 멈추고 그들에게 답례를 했다. 곁에 있던 부관 한 명이 그에게 작은 보따리를 건네주었다.

"위대한 황제의 자식들이여! 너희들에게 황제가 자비를 베풀 것이다."

부관의 말이 끝나자 푸가초프는 건네받은 보따리에 손을 집어넣어 무언가를 사람들 머리 위로 집어던졌다.

땅바닥에 소리를 내며 떨어진 것은 동전들이었다. 사람들은 그것을 먼저 집으려고 서로 밀치고 당겼다.

"내가 먼저 잡았단 말이야."

"무슨 소리야? 이건 내 돈이야!"

몇 푼 안 되는 동전들이 마치 금괴라도 되는 것처럼 그들은 아우성을 쳤다. 푸가초프는 물끄러미 그들을 바라볼 뿐이었다.

이 소동에 행여나 그가 다칠까 봐 그의 부관들이 그를 겹겹이 둘러쌌다. 그들 속에는 시바브린도 끼어 있었다.

'드디어 나타났군. 비겁한 놈!'

나는 비웃는 눈길로 그를 째려보았다. 이런 내 마음을 알아차렸는지 그도 사람들 틈에 섞여 있는 나를 발견하고는 흠칫 놀랐다. 하지만 이내 고개를 돌려 버렸다.

"오, 자네도 와 주었군. 내 옆으로 오게."

푸가초프는 나를 알아보고 가까이 불렀다.

"자네가 원하는 대로 오렌부르크로 출발하게. 그 곳에 도착하거든 자네 상사에게 전해 주게. 앞으로 일주일 후면 나를 만나게 될 테니 준비하고 기다리라고. 황제로서 나를 맞아 주면 별 탈이 없겠지만 만약 대항하려 한다면 가만 두지 않겠다고 말이야. 그럼 조심해서 가게."

"그대로 전하겠소."

그는 어제 나와 한 약속을 잊지 않고 지켜 주었다. 비록 적군의 대장이었지만, 그 순간 고마운 마음이 들었던 것이 사실이다. 푸가초프는 다시 몸을 돌려 시바브린에게 손을 들어 앞으로 나올 것을 지시했다.

"내 말을 잘 들어라! 여기 이 젊은 장교가 앞으로 너희들을 다스릴 사령관이다. 이 사람의 말은 곧 황제인 나의 말과 다름이 없으니 명령에 복종하도록 하라."

시바브린은 사람들 앞에 나서서 공손히 인사를 했다. 그 순간 내 두 다리가 휘청거려 하마터면 넘어질 뻔했다.

'시바브린이 이 곳을 다스리는 사령관이라고? 자신이 모시던 사령관을 배반하고 뻔뻔스럽게 그 자리를 차지하다니.'

그 다음 떠오르는 것은 마리아였다.

'저 놈이 이 곳에 남아 있는 마리아를 가만 두지 않을 텐데. 아, 이 일을 어쩜담?'

마리아를 이 곳에 두고 떠나는 것도 마음이 내키지 않았는데, 시바브린이 이 곳 책임자가 된다니 더욱 발길이 떨어지지 않았다. 이 곳에서 해야 할 일을 끝낸 푸가초프는 대기하고 있던 백마 위로 훌쩍 뛰어올랐다.

"자, 출발!"

말이 막 출발하려는 순간 누군가 그의 앞을 가로막았다.

"뭐야?"

사람들의 시선이 모두 한 사람에게 집중되었다. 그 순간 나는 깜짝 놀라고 말았다.

"아니, 사벨리치 아니야?"

사벨리치는 사람들의 시선에도 아랑곳하지 않고 푸가초프 앞으로 가 돌돌 말은 종이 꾸러미를 내밀었다.

"황제 폐하! 잠깐 길을 멈추고 소인의 글을 읽어 주십시오."

푸가초프가 받아 주라는 눈짓을 하자 부관 한 명이 종이를 펼쳐 들어 읽어 내려갔다.

"면 잠옷 한 벌에 3루블, 비단 잠옷 3루블, 녹색 사지 군복이 7루블, 흰색 바지 5루블, 와이셔츠 10벌에 10루블, 찻잔이 2루블⋯⋯."

"그만 해! 도대체 무슨 소리를 지껄이고 있는 거야?"

말 위에 있던 푸가초프는 짜증 섞인 목소리로 화를 벌컥 냈다. 사벨리치는 그런 말에도 기 죽지 않고 이렇게 대답했다.

"저것들은 바로 폐하의 부하들이 훔쳐 간 우리 도련님의 물건들입니다. 값나가는 물건들은 종이 뒤쪽에 적어놓았으니 화를 참고 조금만 더 들어 주십시오."

"좋아! 부관, 계속 읽어 봐."

두루마리 종이를 가지고 있던 부관은 다시 소리를 내 읽기 시작했다.

"이불 두 채에 4루블, 여우털 외투 한 벌에 40루블, 일전에 여관에서 입고 간 도련님의 토끼털 외투가 15루블⋯⋯."

"기가 막혀서! 저 늙은이가 제정신이 아닌 모양이로군. 목숨을 살려 줬더니 이제 보따리를 내놓으라고 생떼를 쓰고 있네. 그렇게 토끼털 외투가 갖고 싶다면 네 소원대로 해 주마. 네 늙은 가죽을 통째로 벗겨 몇 벌이라도 만들어 줄 테다!"

그는 부관에게서 낚아챈 두루마리 종이를 갈기갈기 찢어 사벨리치의 얼굴에 홱 뿌리치며 소리쳤다.

"폐하께서 그렇게 하신다면 할 수 없죠. 다만 전 주인의 잃어버린 물건을 다시 찾기 위해서 한 것일뿐입니다."

"쯧쯧, 어리석은 놈!"

푸가초프는 사벨리치의 단순함에 혀를 찼다. 나는 혹시 사벨리치가 무슨 일을 당하지나 않을까 싶어 마음만 졸이고 있었다. 하지만 푸가초프는 더 이상 사벨리치를 상대하는 것은 시간 낭비라고 생각했던지 말을 돌려 요새를 빠져 나갔다.

"쳇, 한 푼도 주지 않고 가다니, 나보다 더 지독한 놈일세."

사벨리치의 투덜대는 말에 난 웃을 수밖에 없었다.

"하하하, 대단해. 감히 푸가초프에게 돈을 받아 내려 하다니 말이야. 대체 어디서 그런 용기가 나오는 거야?"

"도련님도 참, 그걸 말씀이라고 하세요? 다른 곳으로 가 생활을 하려면 저 놈들이 가져간 물건이 얼마나 소중한지 아실 거예요."

사벨리치를 집으로 보낸 뒤, 나는 마리아를 만나기 위해 게라심 신부 댁으로 향했다.

"그러잖아도 장교님을 부르러 가려던 참이었어요. 마리아가 어제 밤부터 열이 오르기 시작하더니 지금은 헛소리까지 한답니다."

신부의 부인의 다급한 소리에 가슴이 덜컥 내려앉은 나는 서둘러 마리아가 누워 있는 방으로 뛰어들어갔다.

"오, 마리아!"

침대 위에 죽은 듯이 잠자고 있는 마리아의 모습은 너무 야위어 눈을 뜨고 볼 수 없을 정도였다.

'부모님은 세상을 떠나셨고, 사방이 적들로 둘러싸인 이 곳에 당분간이라도 마리아를 두고 떠나자니 가슴이 미어지는군. 게다가 시바브린이 두 눈을 시퍼렇게 뜨고 마리아를 어떻게 할지 모르는데, 나는 그녀에게 해 줄 수 있는 일이 아무것도 없으니.'

하지만 생각을 달리 하기로 작정했다.

'그래, 마리아를 살리는 방법은, 한시라도 빨리 오렌부르크로 가서 그 곳 부대에 이 사실을 알리고 이 곳을 다시 찾는 일이야.'

　다시 한 번 마리아의 손을 꼭 잡은 나는 떨어지지 않는 발을 돌려 신부님 댁을 나왔다. 신부님과 부인이 현관까지 배웅을 해 주었다.

　"부디 몸조심하세요. 앞으로 마리아가 의지할 사람은 당신밖에 없어요. 오렌부르크로 가서도 소식 전해 주세요."

　"제 걱정 마시고 다시 돌아올 때까지 마리아를 잘 좀 돌봐 주세요."

　그 곳을 나온 나는 곧 숙소로 돌아가 짐을 꾸리기 시작했다. 곧 사벨리치와 함께 오렌부르크를 향해 길을 재촉했다.

　"장교님! 장교님!"

　멀리서 웬 사나이가 부르는 소리에 뒤를 돌아보았다. 숨을 헉헉거리며 뛰어온 사나이는 끌고 온 말의 고삐를 내게 건네 주었다.

　"이게 뭔가?"

　"폐하께서 장교님께 전해 주라고 하셨어요. 여기 양털 외투도요."

그의 말대로 말 위에는 오늘 아침에 푸가초프가 걸치고 있던 양털 외투가 걸쳐 있었다. 옆에 있던 사벨리치가 두 눈을 부라리며 물었다.

"이것말고 또 전해 주라는 물건은 없었나?"

"그게 저……. 사실은 돈도 전해 주라고 하셨는데, 제가 급히 오느라 그만 잃어버리고 말았어요. 이 일을 어쩌지요?"

"흥, 그 거짓말을 믿을 줄 알고? 어서 내놓지 못해!"

사벨리치는 사나이의 옷깃을 낚아채며 소리소리 질렀다.

"그만둬. 여기까지 나를 찾아오느라 수고가 많았네. 만약 돌아가는 길에 잃어버렸던 돈을 찾게 되면 자네가 쓰도록 하게."

"아, 고맙습니다."

사나이는 그길로 뒤도 돌아보지 않고 줄달음질을 쳤다.

"아니, 도련님! 뻔한 거짓말을 하고 있는데, 그냥 돌려보내다니……."

"할아범, 그래도 오렌부르크까지 걸어가지 않아도 될 말 한 필과 따뜻한 외투를 받았지 않나. 이제 그만해 두게."

나는 양털 외투를 입고 사벨리치와 함께 말 위에 올라탔다.

"그래도 악당 푸가초프란 놈이 조금의 양심은 가지고 있나 봐요. 그러게 우는 애에게 과자라도 한 개 더 준다고 하잖아요. 만약 아무 말도 하지 않았으면, 이 따위 볼품없는 바시키르 산 말 한 마리라도 건질 수 있었겠어요?"

"하하하, 자네 말이 맞는 것 같군."

마리아의 편지

오렌부르크 근처에 이르자, 죄수들이 여기저기에 흩어져 일하고 있는 모습이 보였다. 참호 속 쓰레기를 치우는 자가 있는가 하면, 삽으로 구덩이를 파고 있는 자도 있었다. 또 보루 위에는 석공들이 성벽을 수리하기 위해 열심이었다.

우리가 성문 가까이 다가가자, 보초병 하나가 나와 사벨리치를 발견하고는 물었다.

"무슨 일로 왔나요?"

"벨로고르스크 요새에 있는 장교로 이 곳 사령관님을 뵈러 왔네."

내 신분을 확인한 보초병은 곧 장군의 집으로 나를 안내해 주었다. 장군은 정원을 산책하고 있었다. 너그러운 성품의 장군은 우리의 요새가 함락되었다는 소식은 알고 있지만, 자세히 알지는 못했다.

"저런, 미로노프 대위 부부가 그렇게 비참하게 죽다니. 그럼 대위의 딸 마리아는 어떻게 되었나?"

"게라심 신부님이 보호하고 있습니다."

"휴, 아직 어린 마리아가 그 놈들 속에 갇혀 있다니 큰일이로군."

"장군님! 지금 병사들을 추슬러 벨로고르스크 요새를 공격하는 것이 어떻겠습니까? 이미 푸가초프와 카자흐 인들의 우두머리들은 그 곳을 떠났으니 지금이 기회입니다."

나는 다급한 마음에 서둘러 공격할 것을 제안했다. 하지만 장군은 고개를 가로저었다.

"아니야. 요새를 공격하는 것은 나 혼자서 결정지을 문제가 아니네. 마침 오늘 군사 회의가 있으니, 조금 있다 다시 이 곳으로 와주게."

장군에게 인사를 하고 그 곳을 나온 나는 잠시 장군이 마련해 준 숙소로 돌아가 기다렸다. 잠시 후, 약속 된 시간이 되기 전에 나는 먼저 장군의 집에 도착했다. 나 외에 제일 먼저 회의장에 나타난 사람은 노인으로, 그는 그 지방의 관리였다.

"자네가 표트르 안드레비치 장교인가?"

이미 장군을 통해 들었는지 내 이름을 알고 있었다. 그는 배가 몹시 나온 뚱뚱한 몸에 발그스름한 얼굴색을 가진 사람이었다.

"미로노프 대위가 그렇게 됐다니 참 가슴 아픈 일이야. 그럼 자네는 그 곳 상황을 잘 알고 있겠군."

"그렇습니다."

회의 시간이 다 되어가자 점점 사람들이 모여들기 시작했다. 그런데 그들을 둘러본 나는 이상한 생각이 들었다.

'왜 군인들은 보이질 않는 걸까?'

마지막으로 장군이 들어와 자리에 앉자 회의가 시작되었다. 그는 벨로고르스크 요새의 상황을 이 곳에 모인 사람들에게 대강 이야기했다.

"하여간 그 곳의 상황은 매우 좋지 않아요. 머지 않아 푸가초프가 이 곳으로 쳐들어온다고 합니다. 우리는 반란군을 당장 공격하느냐 아니면 방어를 하느냐 하는 문제를 결정짓기 위해 모였소. 그럼 각각의 의견을 들어 보기로 하겠소."

장군은 직급이 낮은 사람부터 말할 기회를 주겠다며, 나를 가리켰다.

"여기 계신 장군님께도 말씀드렸듯이 제 의견은 공격을 하자는 쪽입니다. 지금 그들은 승리감에 흠뻑 젖어 흐트러져 있을 때입니다. 이 기회를 놓치지 말고 공격한다면 좋은 성과를 얻을 것입니다."

그러자 여기저기서 수군대는 소리가 들려왔다.

"용기만 가지고 적을 공격할 수는 없지 않은가."

"그러게. 젊은이들이란 대개가 무턱대고 붙어 보자는 쪽이지. 쯧쯧, 세상 물정을 너무 모른단 말이야."

장군은 얼른 나서서 관리들을 진정시켰다.

"아, 조용히해 주십시오. 원래 군사 회의에서 처음 의견은 공격 쪽이 우세한 법입니다. 자, 다음은 6등관이 말씀해 주시오."

6등관은 다름 아닌 나와 조금 전까지 이야기를 주고받던 노인이었다. 그는 하사가 가져다 준 럼주를 연거푸 마신 뒤였다.

"장군, 나는 두 가지 방법 모두 좋지 않다고 생각하오."

"네? 지금 상황으로는 공격이냐 방어냐 둘 중의 하나인데, 그럼 더 좋은 방법이라도 있단 말입니까?"

모두의 눈길이 그에게 쏠리자 그는 어깨를 으쓱이며 잘난 체했다.

"물론이죠. 바로 현상금 작전입니다."

"아, 이제야 알 것 같군. 푸가초프를 잡아오는 병사나 사람들에게 많은 돈을 주겠다고 하자는 말이로군."

"그렇소. 분명 돈에 눈 먼 무식한 카자흐 인들은 자신의 두목인 푸가초프를 서로 잡아오려고 난리를 칠 것이오. 내 말이 틀리다면 나를 멍청이라고 불러도 좋소."

6등관의 장담에 장군은 고개를 끄덕일 뿐이었다.

"그것도 한 가지 방법이긴 하지만 나중에 검토해 보기로 하겠소. 우선 우리 요새에서 어떤 행동을 취할 것인지에 대해 좀더 의견을 나눠 봅시다."

그 뒤 차례차례 의견을 말하는 것을 종합해 보니, 거의가 방어 쪽이 유리하다는 쪽으로 기울었다.

"우리 병사들의 실력이 반란군보다 뛰어난 것 같지 않소."

"맞소. 튼튼한 성벽을 지키고 있으면 아무리 날고 기는 도둑놈이라 할지라도 함부로 쳐들어오지는 못할 것이오."

"동감이오. 아직 이 곳으로 쳐들어 올지 확실치 않은 자들을 찾아 우리가 일부러 공격할 필요는 없소."

이 곳에 모인 사람들의 의견을 말없이 듣고 있던 대장은, 물고 있던 파이프의 재를 털면서 입을 열었다.

"여러분의 의견은 잘 들었소. 내 의견을 말하면 나는 표트르 안드레비치 장교의 의견과 같소. 군사 행동에서는 늘 방어보다 공격이 유리한 법이죠."

그러자 관리들은 드러내놓고 불평했다.

"지금 무슨 소리요?"

"아니, 지금 우리들의 의견을 뭐로 알고, 그런 소리를 하는 거요?"

"기가 막혀서!"

장군은 다시 파이프에 담배를 천천히 집어넣고 길게 한 모금 빨았다.

"아, 조용하시오. 아직 내 말이 끝나지 않았소. 여왕 폐하로부터 이곳의 책임을 넘겨받은 나는, 내 개인적인 생각만 가지고 함부로 행동할 수 없다는 것은 여기 계신 분들이 더 잘 알 것이오. 우선 상황을 지켜보면서 준비를 하다가 만약 적들이 쳐들어오면, 그 때 나가서 싸우도록 합시다."

관리들은 나를 비웃었다.

"역시 장군다운 생각이군. 저런 애송이의 말을 들을 리가 없지."

"아무렴. 괜히 잠자고 있는 반란군에게 총을 들이댈 필요는 없지."

그들은 나더러 들으라는 듯이 큰 소리로 지껄이고는 자리를 떴다.

'아, 장군은 보기보다 신념이 없는 사람이로군. 자신의 주장을 포기한 채 전쟁을 모르는 사람들의 말을 따르다니.'

그로부터 며칠 뒤, 내가 장군에게 밝힌 대로 푸가초프는 부하들을 이끌고 오렌부르크를 향해 쳐들어왔다.

성벽 위에서 바라본 반란군은 우리 요새를 공격해 올 때보다 열 배쯤 늘어난 숫자였다. 게다가 많은 수의 대포를 가지런히 늘어놓은 것이 굉장히 위협적으로 느껴졌다.

이미 방어 쪽으로 결정이 났기 때문에, 오렌부르크는 주변 지역과는 왕래가 끊긴 상태로 성 안의 사람들은 곤란을 겪기 시작했다.

"아, 언제나 이 지루한 싸움이 끝나려나?"

"이제 먹을 양식도 얼마 남지 않았는데……."

"성 밖에 진을 치고 있는 놈들은 연신 총과 대포를 쏘아 대고 있는데도 이 곳 병사들은 아무 손을 쓰지 못하고 있으니 원……."

이 곳 사람들은 점점 지쳐 가고 있었다. 이제 집 안 마당으로 포탄이 날아와도 별로 놀라지 않을 정도였다.

'지금쯤 마리아는 어떻게 됐을까? 아무 소식도 들을 길이 없으니, 가슴만 답답하구나.'

이런 나에게 푸가초프의 반란군과 가끔씩 벌이는 싸움은 오히려 후련하기까지 했다. 하지만 번번이 우리 편이 지고 말았다. 적들은 충분히 먹고 잘 쉰 뒤 우수한 무기까지 가지고 있어, 배고픔에 시달리고 있는 우리 병사들은 그들을 이겨 낼 기운이 모자랐다.

"도련님, 좀 쉬십시오. 피곤한 몸을 이끌고 한 번도 빠지지 않고 싸움을 하러 나가니 어디 몸이 견뎌 내겠습니까?"

"휴, 자네 말대로야. 어제는 눈이 쌓인 곳에서 한판 붙었는데 말라빠진 말들은 기운이 없어 눈밭에 발이 빠져 헤어 나오지를 못할 정도였어. 게다가 대포를 쏘는 병사들은 거짓으로 쏘는 체만 하니, 어디 제대로 싸움이 되겠어?"

어디 하소연할 데가 없는 나는 사벨리치에게 불평을 늘어놓곤 했다. 그런 날이 계속되던 어느 날, 우리를 불쌍히 여긴 하느님이 도왔는지 오랜만에 도망가는 적들을 쫓아 추격할 수 있었다.

"에잇! 내 칼을 받아라!"

마침 내가 뒤쫓던 카자흐 인을 붙잡아, 막 내리치려던 순간이었다.

"잠, 잠깐만! 장교님, 접니다."

"아, 당신은 카자흐 인 막시미치 하사가 아닌가? 지난 번 우리에게 거짓 정보를 주고는 도망쳐 버린……."

"맞습니다. 그 동안 잘 지내셨나요?"

그는 비굴한 웃음을 지어 보이며 내게 손을 비벼 댔다.

'이 자라면 벨로고르스키 요새의 소식을 알고 있을지도 몰라.'

비록 이 자가 배반자이긴 했지만, 그를 이 곳에서 다시 만난 것은 행운이라고 생각했다.

"참, 장교님께 전해 드릴 쪽지가 있어요. 어제 벨로고르스키 요새를 다녀오면서 전해받은 것입니다."

"그래?"

마침 기다리던 말을 듣자, 내 가슴은 쿵쾅쿵쾅 방망이질을 쳤다.

"자, 여기 받으세요. 마리아 아가씨의 하녀 팔라샤가 두 번 세 번 거듭 부탁하면서 꼭 좀 전해 줄 것을 당부했어요."

"고맙네."

편지를 받아 든 나는 서둘러 펼쳐 들었다.

"그럼, 안녕히 계십시오."

막시미치는 뒤도 돌아보지 않고 말 위에 훌쩍 올라타고는 급히 도망갔다. 나는 그를 붙잡을 생각도 하지 않고 편지를 읽었다.

　　이 편지가 당신에게 전해질 수 있을지 모르지만 몇 자 적어 봅니다. 이 세상 모든 일이 신의 뜻이라고 여겨지지만 부모님을 하루 아침에 모두 잃고 만 저는 앞이 캄캄하더군요.

　　하녀 팔라샤는 막시미치를 통해 당신의 소식을 알려 줬어요. 반란군과 싸움이 있을 때마다 당신이 거침없이 공격을 한다는 말을 들었어요. 제발 몸을 함부로 하지 마세요.

저는 당신이 이 곳을 떠날 즈음, 혼수 상태에 있다가 이제 겨우 기운을 차릴 정도가 되었어요. 하지만 이 곳을 다스리는 책임자가 된 시바브린이 찾아와 우리 부모님이 살던 집으로 저를 끌고 왔어요. 물론 게라심 신부님이 그렇게 하는 것을 말렸지만, 그는 다짜고짜 자기 마음대로 해 버린 거예요. 그는 자신이 나를 구해 준 은인이라고 하면서 결혼을 하자고 합니다. 아마 게라심 신부님 댁에 있을 때 푸가초프에게 신부님의 조카딸이라고 말한 것을 고자질하지 않았기 때문에 제가 살 수 있었다고 말하는 것 같아요.

그와 결혼한다는 것은 상상도 할 수 없는 일이에요. 하지만 그는 집요하게 저를 괴롭히면서 만약 말을 듣지 않으면 교수대에서 죽여 버리겠다고 합니다. 아, 저는 어쩌면 좋을지 모르겠어요.

할 수 없이 그에게 생각할 시간을 달라고 했더니, 사흘의 시간을 주겠다고 하더군요. 그 이상은 더 기다릴 수 없다고 하면서……. 이제 제게 남은 희망은 오직 당신뿐입니다. 부디 저를 이 지옥에서 구해 주시기 바랍니다. 오렌부르크에 계신 장군님에게 말씀드려 구원군과 함께 이 곳으로 와 주시길 간절히 희망합니다.

마리아 이바노브나로부터

편지를 다 읽고 나자 나는 가슴이 저려왔다.

"불쌍한 마리아, 그 동안 고통이 얼마나 심했을까? 어떻게 하면 그녀를 구해 낼 수 있단 말인가?"

나는 한숨을 쉬며 곧바로 말에 올라 성 안으로 달렸다. 그길로 다시 장군 댁에 도착한 나는 서슴없이 장군의 방으로 뛰어들어갔다. 마침 장군은 무슨 생각에 잠겨 있는지 방 안을 서성이고 있었다.

"아니, 자네가 어쩐 일인가?"

"실례를 무릅쓰고 이렇게 급히 찾아오게 됐습니다. 이 곳에 머물면서 저는 장군님을 부모님처럼 생각해 왔습니다. 부디 제 부탁을 거절하지 마시고 꼭 들어주시기 바랍니다."

"흠, 일단 자네 부탁을 말해 보게."

"예, 1개 중대와 50명의 카자흐 인의 군사를 주십시오."

"그 병사들을 가지고 어쩔 셈인가?"

"벨로고르스크 요새를 공격하려고 합니다. 부디 허락해 주십시오."

갑작스런 내 이야기에 장군은 매우 당혹스러워했다. 아니, 나를 제정신으로 보는 것 같지 않았다.

"아, 제발 부탁입니다."

"자네는 지금 몹시 흥분해 있네. 벨로고르스크 요새와 이 곳과는 꽤 먼 거리라는 것은 자네도 잘 알고 있을 거야. 그 사이에서 적들이 마

음만 먹으면 우리 쪽과 연락을 끊게 만드는 것은 식은 죽 먹기야. 그
것은 곧……."

장군은 나에게 전술상의 문제에 대해 자세히 이야기하려고 했다. 나
는 이를 눈치채고 얼른 말을 가로챘다.

"이런 결심을 하게 된 것은 사실 미로노프 대위님의 딸인 마리아 때
문입니다."

"마리아 때문이라고?"

"그렇습니다. 그녀가 내게 도움을 청해왔습니다. 우리를 배반하고 푸
가초프의 부하가 된 시바브린이란 자가, 그녀에게 못된 짓을 하며 결
혼을 요구하고 있다는 거예요."

그제야 장군은 조금 전 내 말을 이해하는 듯했다.

"나쁜 놈 같으니라고! 조국을 배반하고 이제는 대위의 딸까지 자신의
손아귀에 넣으려고 하다니. 그 놈이 내 눈앞에 있다면 당장 총살하라
고 명령을 내릴 텐데. 하지만 지금은 어쩔 도리가 없군."

장군의 마지막 말에 내 눈은 뒤집힐 것 같았다.

"안 돼요! 그냥 이대로 저 놈을 놔 두면 결국에는 마리아를 협박하여
강제 결혼을 할 겁니다."

"그럴 지도 모르지. 하지만 지금으로선 마리아를 위해 어쩌면 그게
더 나은 길인지도 몰라."

"대체 무슨 말씀을 하시는 겁니까?"

"적들의 무리에서 시바브린이 마리아를 잘 보살펴 줄 테니까. 나중에
그 놈이 정규군에게 잡혀 죽게 되면 또 다른 길이 있겠지. 세상 이치
가 처녀보다 젊고 아름다운 과부가 더 빨리 남자를 구하거든."

나는 더 이상 장군의 말을 듣고 있을 수 없었다.

"만약 그런 일이 생긴다면 저는 그 자리에서 죽고 말겠어요."

"자네 혹시?"

장군은 그제서야 마리아와 나의 관계를 눈치챈 듯했다.

"오라, 자네가 왜 그렇게 난리 법석을 떠는가 했더니, 마리아를 사랑하고 있었군. 물론 자네의 심정은 이해가 가지만 그런 개인적인 문제로 병사를 함부로 내줄 수는 없네."

단호한 장군의 대답은 나를 더욱더 큰 절망감으로 젖어 들게 했다. 어깨를 축 늘어뜨린 채 나는 숙소로 발길을 옮겼다. 앞만 보고 걷던 나는 갑자기 머리를 스치고 지나가는 생각이 있어 다급하게 뛰었다.

"또 그 악당 놈들과 싸우고 오시는 길인가요?"

막 들어서는 나에게 사벨리치는 두 눈을 부릅뜨고 잔소리를 했다.

"난 지금 바빠."

"도련님, 제 말 좀 귀담아 들으세요. 그런 도둑놈과 싸워서 이긴다고 하더라도 얻을 게 뭐가 있다고, 그렇게 몸을 함부로 하면서까지 날마다 나가는 겁니까? 그건 귀족 출신의 도련님이 하실 일이 못 됩니다. 만약 그러다가 다치기라도 하는 날엔 주인 마님을 어떻게 다시 뵐 수가 있겠어요? 적들이 터키나 에스파냐쯤 되면 싸울 만하지만, 그런 탈옥수들과는 상대하지 마시기 바랍니다. 제 말 알아듣겠어요?"

영감이 잠시 숨을 쉬는 사이에 나는 재빨리 물었다.

"남은 돈이 얼마나 되지?"

"그 동안 살림을 사느라 약간 쓴 것을 빼곤 그대로 있어요. 벨로고르스크 요새에 있을 때도 그 도둑놈들이 돈을 찾지 못하도록 꽁꽁 숨겨 두었지요. 그런데 갑자기 웬 돈 이야기를 하세요?"

사벨리치는 은화가 잔뜩 담긴 주머니 하나를 들고 와 보여 주었다.

"잘 됐군. 그 주머니에 있는 돈 중에서 반을 내게 줘!"

"예? 갑자기 돈은 뭐 하려고요?"

"좀 다녀올 데가 있어."

대강 이렇게 얼버무리려고 하자 사벨리치는 그냥 넘어가지 않았다.

"사실은 벨로고르스크 요새에 갈 생각이야."

"아니, 지금 제정신으로 말씀하시는 겁니까? 지금 상황이 어떻다는 것은 도련님이 더 잘 알고 계시잖아요. 집 안 마당에도 저 놈들의 연신 쏘아 대는 포탄으로 연기가 자욱한데, 도대체 어디를 가시겠다는 말입니까? 도련님이 서두르지 않아도 정부군이 이 곳 군인들을 도와다 잘 해결해 줄 겁니다. 제발 딴 생각은 하지 마세요."

하지만 그의 애원은 내 귀에 들리지 않았다. 그 때 나는 오직 한 가지만 생각하고 있었던 것이다.

'내가 가지 않으면 마리아가 죽을지도 몰라.'

나는 미안한 마음으로 사벨리치에게 마지막 당부를 했다.

"이제 나도 어린애가 아니야. 내 일은 스스로 결정할 나이가 됐어. 자네와는 꼭 다시 만날 수 있을 거야. 그리고 내게 주고 남은 돈은 할아범을 위해 쓰도록 해. 내가 떠난 뒤 사흘이 지나도 돌아오지 않게 되면 그 때……."

"지금 무슨 말을 하시려는 겁니까? 도련님 혼자 몸으로 그 험한 곳을 가시겠다는 말입니까? 꼭 가야 한다면 저도 함께 따라가겠어요. 만약 도련님이 데려가지 않는다고 하시면 걸어서라도 뒤를 쫓겠어요."

할아범의 눈가에 눈물이 맺혔다. 나는 그의 마음을 진정시키기 위해 얼른 대답을 했다.

"좋아, 함께 떠나도록 해."

대강 떠날 채비를 한 우리들은 서둘러 말에 올랐다. 내 말 뒤로 여위고 절름발이 말을 탄 사벨리치가 뒤를 따라왔다. 그것은 말의 먹이를 주지 못한 어떤 사람에게서 건네받은 말이었다.

이 곳 성문 앞에 다다르자 보초병은 특별한 검사 없이 우리를 내보내 주었다. 나와 사벨리치는 벨로고르스크를 향해 말을 몰았다.

"흠, 저기 베르다 마을이 멀리 보이는군."

우리가 요새로 가기 위해서는 베르다라는 마을을 지나야 했다. 이 곳은 푸가초프가 자신의 무리들과 머물고 있는 곳이었다. 벌써 날이 어두워 길이 잘 보이지 않을 정도여서 나는 마음이 더욱 바빠졌다.

"좀더 속력을 내서 말을 달려!"

"헉헉! 도련님, 같이 갑시다. 이 말로는 도저히 따라갈 수가 없어요. 그리고 그 곳에 가 봤자 즐거운 일이 기다리고 있는 것도 아닌데 뭘 그리 서둘러 가십니까? 잘못하면 머리 위로 도끼가 날아들지도 모르는데 말입니다."

곧 베르다 마을의 불빛이 가까이에서 보이자 나는 그 곳을 돌아서 골짜기로 들어갔다. 할아범은 점점 속력을 내는 나를 따라오기가 힘이 드는지 투덜거렸다.

"이제 조금만 가면 이 마을을 벗어날 수 있어. 조금만 힘을 내!"

뒤돌아보며 이렇게 소리치는 순간, 눈앞을 가로막는 것이 있었다.

"앗!"

"웬 놈들이냐?"

대여섯 명쯤 되어 보이는 험악한 얼굴의 사나이들이 호통을 쳤다.

"말을 멈추고 어서 내려! 그렇지 않으면 가만 두지 않겠다!"

우리 앞에 나타난 놈들 중 한 놈이 내 말의 고삐를 낚아챘다. 놀란 말이 뒤로 앞발을 들며 울부짖었다.

"히힝!"

그 순간 나는 옆구리에 찼던 칼을 뽑아들고 내 말을 잡고 있던 사나이의 머리를 내리쳤다. 갑작스런 공격에 사나이는 주춤거렸다. 이 기회를 놓치지 않고 말에게 채찍을 가해 뒤돌아보지 않고 달렸다.

'이 정도면 놈들이 따라오지 않겠지. 이런! 사벨리치를 두고 왔잖아. 이를 어쩌지?'

그 동안 늘 나를 옆에서 지켜 주던 할아범을 적들에게 내맡긴 채 나 혼자 도망칠 수는 없었다. 다시 말을 돌려 조금 전 장소로 돌아오니, 할아범의 고함 소리가 들려왔다.

"이놈들! 천벌을 받을 도둑놈들 주제에 나를 함부로 하는 게냐?"

"뭣들 하나? 어서 저 영감을 말에서 끌어내리지 않고!"

악을 쓰는 할아범은 곧 말에서 내려져 밧줄에 꽁꽁 묶였다.

"잠깐! 그 영감을 풀어 줘라!"

나는 그 자들을 향해 소리를 치고 말에서 내렸다.

"앗! 저 놈은 조금 전 우리를 칼로 치고 도망갔던 자가 아니냐? 너 이놈, 잘 만났다."

그들은 조금의 망설임도 없이 재빨리 나를 붙잡아 할아범과 같이 밧줄로 묶기 시작했다.

"자, 이 놈들을 황제 폐하께 데리고 가자. 이제 네 놈들의 목숨은 바람 앞에 놓인 등불과 같다. 두 손을 모으고 기도나 해라."

그들은 황제께 상을 받을 생각에 서둘러 마을로 갔다. 나와 사벨리치는 별로 두려운 기색 없이 그들이 하는 대로 따라갔다.

마을 입구에 들어서니 집집마다 켜놓은 불빛 때문에 늦은 밤인데도 환해 보였다. 아직 깨어 있는 사람들의 떠드는 소리가 여기저기서 흘러나왔다.

"자, 이 놈들이 도망가지 못하도록 지키고 있어라."

그들 중 한 명이 먼저 네 거리의 한쪽 구석에 있는 농가로 들어갔다. 그 집 앞에는 꽤나 많은 술통이 굴러다니고, 대포까지 놓여져 있었다.

'이 마을에서 집이 꽤 큰 걸 보니 이 곳이 푸가초프가 묵고 있는 집인 모양이로군.'

이런 생각을 하며 주변을 둘러보고 있는 사이, 내 곁에 있던 사벨리치는 두 눈을 감고 기도문을 외우며 중얼거리고 있었다.

안으로 들어갔던 사나이가 곧 모습을 드러내며 나를 향해 눈짓을 했다.

"영감은 여기 있고, 너만 안으로 들어와라."

"아니, 어째서 나만 여기에 남아 있으라는 거요?"

"닥치지 못해! 폐하의 명령이야!"

그 자는 사벨리치의 호소에 고함을 지르면서 나를 거칠게 끌고 안으로 들어갔다. 집 안에는 촛불이 켜져 있었고 의자, 세숫대야, 구석에 처박혀 있는 부젓가락, 조그만 단지를 올려놓는 페치카 위의 선반 등은 여느 농가와 달라 보이지 않았다.

거기에 검붉은 윗옷에 카자흐 식 모자를 눌러 쓴 푸가초프는 탁자 앞에 위엄 있는 모습으로 앉아 있었다. 그의 좌우로 대장들 여러 명이 둘러앉아 막 들어서는 나를 무서운 눈초리로 쏘아 보고 있었다.

'흠, 오렌부르크에서 나온 장교 한 명을 잡아왔다는 소식에 긴장들을 하고 있군.'

내 추측대로 푸가초프는 나를 단숨에 알아보고는 금세 반가운 얼굴로 대뜸 물었다.

"부하들이 오렌부르크의 거물 하나를 물고 왔다고 하더니, 바로 자네였군. 그래 여기는 어쩐 일인가?"

"해야 할 일이 있어 급히 벨로고르스크 요새로 가던 중 당신의 부하에게 그만 붙잡히고 말았소."

"급히 해야 할 일이라니?"

"그게……."

얼른 대답을 못하고 망설이고 있으려니, 눈치 빠른 푸가초프는 이를 알아차리고 부하들에게 지시를 내렸다.

"다들 나가 있어."

대장쯤 되는 부하들은 그의 명령이 떨어지기가 무섭게 서둘러 그 곳을 빠져 나갔다. 하지만 단 두 사람만은 꿈쩍도 하지 않고 있었다.

"아, 이 사람들은 여기 있어도 아무 문제 될 것이 없어. 무슨 이야기든지 해도 비밀이 새어 나갈 염려가 없는 사람들이니까."

푸가초프의 신임을 톡톡히 받고 있는 두 사람 중 한 사람은 흰 턱수염에 허리가 약간 굽어 보이는 노인이었다.

'저 노인은 특별히 사나워 보이지 않는군. 하지만 저 맞은편에 앉아 있는 사나이는 보기에도 매우 잔인해 보이는군.'

또 한 사람은 40대 중반쯤 되어 보이는 나이에 건장한 체격을 가진 사나이로 구레나룻이 인상적으로 얼굴 전체에 반점 같은 것이 퍼져 있었다. 특히 이곳 저곳을 살펴보는 듯한 눈은 매우 강렬해 보였다.

나중에 알게 된 일이지만 나이 든 노인은 정부군에서 도망 나온 하사 벨로보로도프였으며, 인상이 예사롭지 않은 두 번째 사나이는 시베리아 광산에서 여러 번 탈출한 적이 있는 아파나시 소콜로프였다.

푸가초프는 부하들이 자리를 비우자, 궁금한 듯이 다시 물었다.

"자, 이제 편안한 마음으로 말해 보게. 그토록 떠나고 싶어했던 벨로고르스크 요새를 왜 다시 찾아가려는 건지?"

이 때 내 마음속을 스쳐 지나가는 생각이 있었다.

'그래, 하느님께서 내가 하려는 일을 도와주려고 다시 푸가초프를 만나게 한 건지도 몰라. 이 기회를 절대 놓쳐서는 안 돼.'

나는 머릿속에 있던 생각을 정리하여 차분히 대답했다.

"사실은 벨로고르스크 요새에 갇혀 있는 불쌍한 아가씨를 구하기 위해 서둘러 가던 길이었어요."

"허, 그건 무슨 소린가?"

"요새에 있는 힘센 자가 그 아가씨를 무작정 괴롭히고 있어요."

"그래? 그 자가 누군지 내게 말해 보게. 내 부하 중에 그런 놈이 있다면 내가 용서하지 않겠어."

이 때다 싶어 나는 즉시 시바브린 이야기를 꺼냈다.

"그 자는 바로 요새의 책임자로 있는 시바브린입니다. 그리고 그 불쌍한 아가씨는 언젠가 게라심 신부님 댁에서 본 적이 있는 몸이 성치 않은 처녀입니다. 그 처녀를 온갖 나쁜 짓을 써 가며 결혼해 줄 것을 요구하고 있답니다."

"그 말이 사실임에 틀림없겠지?"

"여기가 어디라고 감히 거짓말을 하겠습니까?"

"좋아, 그렇다면 내가 직접 가서 사실을 확인하고 그 놈을 그냥 두지 않겠어. 내가 그 곳에 없다고 제멋대로 행동하다니. 그런 놈은 당장 사형을 내리겠다."

옆에서 잠자코 나와 푸가초프의 이야기를 듣고 있던 두 사람 중 아파나시 소콜로프가 대뜸 끼어 들었다.

"폐하! 이런 일은 함부로 결정하실 게 아닙니다. 먼저 시바브린을 대뜸 요새의 사령관으로 임명하신 일부터 급하신 결정이었으나, 당장 그 자를 벌하신다는 것도 보기가 좋지 않습니다."

"이미 지난 일에 대한 책임을 내게 묻는 건가?"

"그게 아닙니다. 처음부터 귀족 출신인 시바브린을 책임자로 정했을 때, 우리 카자흐 인들 사이에서는 수군거림이 있었어요. 그런데 이제 와서 그 자를 없애 버린다면 당연히 귀족들의 원망을 사게 되어 불행의 씨앗이 될 수 있다는 말입니다."

푸가초프는 소콜로프의 말에 고개를 끄덕이며 동감을 표시했다. 나는 일이 잘못되는 건 아닌가 하는 해서 초조해지기 시작했다. 그 순간, 잠자코 듣고만 있던 벨로보로도프 노인이 자신의 의견을 내놓았다.

"제 생각은 다릅니다. 지금 시바브린을 어떻게 처리할 것인가는 중요하지 않습니다."

"그건 또 무슨 소린가? 그럼 다른 문제가 또 있다는 말인가?"

"우리가 의논해야 할 문제는 바로 이 자에 관한 것입니다. 이 자가 황제를 받아들이지 않는다면 별 문제가 없지만, 황제로 인정한다면 문제는 달라집니다."

"어떻게 말인가?"

"황제를 인정하면서 그 동안 왜 오렌부르크에서 우리를 향해 칼을 휘둘렀는지 알아봐야 합니다. 이 자는 분명 적들의 스파이 노릇을 하려고 여기에 나타난 것 같습니다."

말을 끝내면서 노인은, 나의 마음을 꿰뚫어 보기라고 하려는 듯 유심히 나를 바라보았다.

'이런, 뭔가 일이 꼬여 가고 있군. 내가 지금 적들이 둘러 싸여 있는 곳에서 너무 방심한 채 저들을 대하고 있었군.'

갑자기 내 등에서 식은땀이 흘러내렸다. 푸가초프는 내 마음을 읽고 있는 듯, 나에게 조금 전과 다름없는 얼굴로 대했다.

"그렇군. 그럼 이 사람들의 말을 자네는 어떻게 생각하나?"

"당신에게 모든 판단을 맡기겠어요."

더 이상 나는 변명하고 싶지 않았기 때문에 이렇게 말했다.

"좋아, 그럼 내가 묻는 말에 사실대로 말하게. 오렌부르크 성 안은 어떤 지경인가?"

"예전과 다름없이 생활하고 있습니다."

"정말인가? 내가 들은 정보에 의하면 마을 사람들이 먹을 것이 부족해 생활에 큰 곤란을 겪고 있다고 하던데 말이야."

사실 그의 말은 틀림이 없었다. 하지만 나는 정부군의 입장에서 우리 측의 비밀을 사실대로 말할 수는 없었다.

"제가 알기로는 성 안에는 비상시를 대비해 준비해 둔 물자가 넉넉합니다. 지금에야 비로소 이 물품들을 풀어놓고 있어 그런 소문이 났는지 모르지요."

벨로보로도프 노인은 내 말에 참을 수 없다는 듯이, 말을 가로챘다.

"자, 보십시오. 이 자가 얼굴색 하나 변하지 않고 우리에게 거짓말을 하고 있다는 사실은 폐하께서 더 잘 아실 겁니다. 우리 측으로 건너온 오렌부르크 사람들이 하는 이야기로는, 그 곳은 더 이상 먹을 것이 없어 사람들이 굶어 죽고 있으며, 전염병이 나돌아 지옥이 따로 없다고 했지 않습니까?"

"물론이야."

"폐하께서 시바브린을 굳이 죽이려고 작정하셨다면, 이 놈도 함께 교수대로 보내야 합니다."

순간 푸가초프의 눈빛이 흔들렸다. 아마 이 늙은이의 말을 그럴 듯하게 여기는 눈치였다. 나는 모든 걸 포기하고 두 눈을 감았다.

"이제 그 소린 그만 해! 자네 역시 살 날이 얼마 남지 않은 주제에 툭하면 교수대에 목을 매달라는 소리뿐이지. 이제 지겨워. 늙은이 주제에 도무지 아량이라곤 눈곱만큼도 없으니 원!"

눈빛이 예사롭지 않은 아파나시 소콜로프가 썩 나서며 톡 쏘아 댔다.

"뭐라고? 같은 처지에 지금 누구를 동정하라는 거야? 그런 어줍지 않은 동정심 따위는 우리의 일을 망칠 뿐이라는 걸 몰라?"

"그래, 나도 사람을 죽인 적이 많았지. 하지만 난 싸움터에서 정정당당하게 그들과 맞서서 싸웠을 뿐, 집에 찾아온 손님을 죽인 적은 없었어. 게다가 당신처럼 여자들이나 하는 것처럼 입이나 놀리며 사람을 죽이지는 않았단 말이야."

벨로보로도프 노인은, 자신을 여자처럼 입이나 놀려 댄다는 말에 더 이상 참을 수가 없었다.

"쳇! 콧구멍이나 제대로 뚫지 그래."

노인의 말대로 소콜로프의 코는 거의 막혀 구멍이 보이질 않았다.

"이 늙은이가 감히……. 어디 비유할 데가 없어 남의 몸을 흠 잡아 욕을 하는 거야. 어디, 네 놈의 그 재수없는 그 턱수염을 몽땅 뽑아 줄 테니 자, 덤벼라!"

두 사람이 막 붙으려는 찰나, 푸가초프가 버럭 고함을 질렀다.

"지금 내 앞에서 뭣들 하는 거야? 어서 제자리로 돌아가지들 못해!"

두 사람은 각자 자리로 가서 앉았지만, 분을 삭히지 못했다.

'아무래도 뭔가 다른 말로 분위기를 바꾸어야겠어.'

그 와중에 나는 푸가초프의 기분을 좋게 만들기 위해 노력했다.

"아, 내 정신 좀 봐. 하마터면 잊을 뻔했군요. 내가 오렌부르크로 향하던 날 사람을 시켜 제게 옷과 말 한 필을 보내왔죠? 만약 그게 없었더라면 아마 난 얼어 죽고 말았을 겁니다. 지금에야 고맙다는 인사를 드리는군요."

"다행이군. 어차피 세상이란 혼자 힘으로 살아갈 수 없는 법이니까 서로 돕고 살아야. 그건 그렇고 조금 전 이야기를 계속하도록 하지. 그 불쌍한 아가씨와 자네는 어떤 사이인가? 친척이라도 되는가?"

드디어 올 것이 왔다는 생각에 나는 숨을 깊게 들이켰다.

"그 아가씨는 저의 약혼녀입니다."

"호, 그런가? 그전에 알았다면 내가 결혼식도 올려 줬을 텐데."

푸가초프는 내게 미안한 마음이 들었던지, 아직도 화가 풀리지 않은 두 사람을 돌아보며 일렀다.

"이 사람은 나와 오랜 친구야. 오랜만에 이렇게 만났으니 함께 저녁 식사를 하도록 하지. 조금 전 좋지 않은 기분도 풀고, 이 사람 문제는 내일 다시 이야기하도록 하지."

나는 이들과 같이 저녁 식사를 하고 싶지 않았지만, 그냥 참기로 했다. 적진에서 내가 마음대로 할 처지가 아니었기 때문이다.

"이 집 주인에게 곧 식사 준비를 하도록 이르시오."

"예, 폐하."

소콜로프는 곧 밖으로 나가 푸가초프의 명령을 전한 뒤, 다시 돌아왔다. 조금 후, 카자흐 인 처녀 두 명이 식탁에 음식을 차려 냈다. 빵, 생선국이 차례로 나오고 술이 준비되었다. 우리들은 별로 많은 말을 하지 않고 식사를 했다.

식사를 끝내고 나자 술에 취한 푸가초프는 졸음에 겨워 고개를 떨구고 졸기 시작했다. 두 사람의 부하가 나에게 눈짓을 했다.

'흠, 밖으로 나가자는 뜻이로군.'

앞장선 그들을 따라나간 나는 임시로 감옥으로 쓰고 있는 오막살이에 도착했다. 사나운 얼굴의 소콜로프가 보초병에게 단단히 일렀다.

"딴 데 한눈 팔지 말고 보초를 제대로 서도록 해!"

"옛!"

그 곳에는 벌써부터 사벨리치가 갇혀 있었다. 반가움도 잠시 그는 코를 골며 곯아떨어졌다. 나는 여러 가지 복잡한 생각에 거의 뜬눈으로 밤을 지새웠다.

날이 밝자 밖을 지키고 있던 보초병이 부르는 소리가 들려왔다.

"이봐! 일어나."

나를 데려간 곳은 어제 푸가초프와 식사를 하던 그 농부의 집이었다. 이 마을 사람들이 제법 많이 모여 있었고, 집 앞에는 벌써 푸가초프가 털가죽 외투와 두꺼운 털모자를 쓴 채 기다리고 있었다. 게다가 말 세 필이 끄는 마차 한 대까지 준비되었다.

어제 내 문제로 다투었던 두 사람의 부하도 그의 곁을 떠나지 않고 호위하고 있었다.

"어서 오게! 어제 내가 술을 많이 마신 탓에 인사도 못했네."

푸가초프는 밝은 얼굴로 아침 인사를 건넸다.

"자, 나와 함께 마차에 오르게."

그가 먼저 마차에 오르고 뒤이어 내가 탔다. 마중 나온 사람들은 그에게 손을 흔들어 환호를 했다. 체격이 건장한 타타르 인 마부가 우리가 마차에 오르자 뒤를 돌아보며 푸가초프에게 공손히 물었다.

"폐하! 어디로 갈까요?"

"벨로고르스크 요새를 향해 달려라!"

곧 마차가 방울 소리를 내며 달리기 시작했다. 그 때 어디선가 숨찬 목소리가 들려왔다.

"도련님!"

뒤를 돌아 보니 사벨리치가 숨을 헉헉대며 마차를 따라오고 있었다.

"잠깐만 마차를 멈춰 주세요."

"무슨 일인가?"

"제 하인 영감도 함께 가도록 해 주세요."

곧 푸가초프는 마부에게 마차를 멈추게 한 뒤, 달려오는 사벨리치를 마부 옆에 타도록 배려를 해 주었다.

"폐하! 고맙습니다. 이 은혜를 잊지 않겠어요. 앞으로 절대 토끼털 외투 이야기는 하지 않겠어요."

사벨리치의 눈치 없는 말에 나는 마음속이 뜨끔했다.

'어쩌려고 저 외투 이야기를 또 꺼낸담? 푸가초프가 이번에는 그냥 넘어가지 않을 텐데.'

하지만 사벨리치의 주책에 푸가초프는 별다른 반응을 나타내지 않았다. 우리를 태운 마차는 속력을 내 달리기 시작했다.

구출된 마리아

마차 안에서 나는 앞으로 일어날 일에 대해 생각해 보았다.

'지금 푸가초프는 마리아가 대위의 딸이라는 것을 모르고, 나를 도와주기 위해 요새로 가고 있다. 하지만 이 사실은 곧 드러나겠지. 그렇게 되면……'

이 때, 잠자코 있던 푸가초프가 내게 말을 걸어왔다.

"지금 무슨 생각이 드는가?"

"세상은 참 모를 일 투성이입니다. 얼마 전까지 당신의 부하들과 목숨을 건 결투를 해왔는데, 오늘은 당신과 함께 마차를 타고 달리고 있군요. 물론 내 목숨은 역시 당신 손에 내맡긴 채입니다만."

"그렇군. 나 역시 알 수 없는 힘에 의해 당신을 돕고 있다고 생각해. 아마도 그건 자네가 눈보라 속에서 건네 준 외투 한 벌과 한 잔의 술 때문만은 아닌 것 같군. 어제도 내 충직한 부하들로부터 자네를 없애 버리는 편이 좋겠다는 말을 수도 없이 들었는데도 이렇게 자네를 도우려고 하는 걸 보면 말이야."

나는 우리 요새를 공격하면서 사람들을 무참하게 죽인 푸가초프의 모습과 나에게 이처럼 너그럽게 대해 주는 그를 비교해 보았다.

'저 사람은 얼마나 다른 모습을 가지고 있는 걸까? 그의 진심은 어떤 것인지 솔직히 알고 싶군.'

그는 다시 내게 물었다.

"오렌부르크에서 사람들은 나를 어떻게 생각하고 있나?"

"솔직히 말해 겁을 내고 있어요. 당신이 갖춘 실력이 보통이 아니라고 알고 있을 정도니까요."

"하하하, 듣던 중 반가운 얘기로군. 그 곳 사람들이 워제예바 전투에 대해 들었다면 나를 더욱 무서워하겠군. 거기서 40명의 장군을 모두 죽이고, 네 개 군단을 내 포로로 만들었지. 나를 프러시아 왕과 견줄 수 있다는 말들도 한다는데, 자네는 어떤가?"

그의 자신만만함에 나는 하마터면 웃음이 터져나올 뻔했다. 가까스로 이를 악물고 참은 나는 푸가초프에게 물었다.

"그럼 당신은 만약 프리드리히 대왕과 한판 붙게 되면, 어떻게 될 거라고 생각하십니까?"

"그야 당연히 우리가 이길 것이네. 표트르 표드르비치 대왕이라면 자네 부대의 장군들이 물리친 적이 있지. 그런데 자네 편의 장군들이 내게 패했으니 싸움은 해보나 마나야. 하지만 모스크바를 상대로 싸움을 할 때는 조금 신중해야 하겠지."

나는 그의 야심에 소스라치게 놀라고 말았다.

"모스크바까지 쳐들어 갈 생각이신가요?"

"글쎄. 그 문제는 내 부하들과 의논을 충분히 해야겠지. 부하 녀석들 중에도 몇 놈을 빼고는 신임할 만한 놈이 없어. 언제든지 나를 배반할 놈들이 더 많거든."

"잘 알고 계시는군요. 그렇다면 그런 일이 생기기 전에 이쯤에서 여왕 폐하께 용서를 빌어 보는 건 어떨까요?"

내친김에 나는 그를 설득해 보기로 했다.

"흐흐, 그렇게 하기엔 시간이 너무 지나 버렸어. 이젠 갈 데까지 가보는 수밖에 없어. 도전하는 사람만이 귀한 것을 차지하는 법이야. 그리시카 오트레피예프 역시 모스크바를 다스린 적이 있지 않나?"

"하지만 알다시피 그 자의 결말이 어떻게 끝났는지 알지 않습니까? 시체가 불태워진 다음 대포에 그 재를 쏘아 날려 보냈습니다. 다시한 번 당신의 말년을 잘 생각한 후 결정하시기 바랍니다."

그는 잠시 생각에 잠기는 눈치였다.

"나를 염려해 주는 자네의 갸륵한 마음만은 고맙게 받겠네. 그럼 내가 칼무크 할머니에게서 들은 이야기를 하나 들려주지."

그에게서 들은 이야기는 다음과 같았다.

옛날 옛적에 독수리가 까마귀를 만나 이렇게 물었다.

"얘, 까마귀야. 너에게 궁금한 것이 있단다."

"뭔데?"

"너는 300년이나 살 수 있는데, 왜 나는 33년밖에 못 사는 걸까?"

까마귀는 까옥까옥 울어 대며 대답했다.

"그거야 너는 생피를 빨아먹고 살지만, 나는 죽은 시체를 먹고 사니까 그렇지."

독수리는 그제야 몰랐던 사실을 깨닫고 이제부터 시체만을 먹어야겠다고 결심했다. 하루는 독수리와 까마귀가 땅에 죽어 넘어진 말을 발견하고는 내려앉았다. 까마귀는 맛있게 쪼아 먹었지만, 독수리는 영 맛이 없었다.

"까마귀야, 안 되겠어. 썩은 고기를 먹고 오랫동안 사느니 차라리 한번을 먹더라도 맛있는 생피를 먹을 테야."

독수리는 이렇게 말하고는 하늘로 날아올랐다.

푸가초프는 이야기를 마치고 나에게 물었다.
"이해할 수 있겠나? 내가 원하는 삶은 바로 독수리와 같은 것이야. 가늘게 오래 사느니, 짧지만 빛나고 화려하게 살고 싶어."
"제 생각은 잔인한 살인과 남의 물건을 함부로 빼앗으며 사는 것이 시체를 쪼아 먹고 사는 것과 별로 다를 게 없다고 봅니다."
거침없는 나의 대답에 푸가초프는 뒤통수를 한 대 얻어맞기라도 한 듯이 멍한 얼굴로 나를 바라다보았다. 그리고 더 이상 나와 대화를 나눌 생각을 하지 않았다.
마부의 슬픈 노랫가락이 아련히 들려왔고, 사벨리치는 그 노랫소리가 자장가로 들리는지 연신 졸았다.

　마차는 겨울 길을 힘차게 달렸다. 이윽고 야이크 강의 기슭 위에 위치한 작은 마을이 눈에 들어왔다. 통나무 울타리와 종각도 보였다.

　얼마 뒤, 우리는 벨로고르스크 요새에 다다랐고, 미로노프 대위 집으로 마차를 몰았다. 푸가초프의 마차를 발견한 마을 사람들은 손을 흔들어 경의를 표했다.

　대위 집에 있던 시바브린 역시 마차의 방울 소리를 듣고, 부리나케 밖으로 뛰어나와 마차 문을 열었다. 그는 카자흐 인들이 입는 옷을 걸치고 수염을 길렀는데, 푸가초프의 갑작스런 방문에 놀라는 눈치였다.

　"연락도 없이 어쩐 일이십니까?"

　"급히 오느라 미처 소식을 전하지 못했네."

　시바브린은 억지 미소를 지어 보이며, 푸가초프에게 온 정성을 다 기울였다. 마차에서 내리는 그를 부축하려던 그는, 마차 안에 있던 나를 발견하고는 흠칫 놀랐다.

"아니……."

놀라는 그에게 나는 비꼬는 투로 말했다.

"왜 그렇게 놀라나?"

"이제 마음을 바꿔 먹은 모양이로군. 잘 생각했어."

나는 더 이상 그의 말에 대꾸하지 않고, 푸가초프를 따라 대위의 집 안으로 들어갔다.

"아! 저건……."

집 안에 들어선 내가 제일 먼저 본 것은, 바로 미로노프 대위님의 사령관 임명장이었다. 이제 그 임명장은 마치 묘비처럼 슬퍼 보였다. 앞서서 들어간 푸가초프는 눈에 띄는 의자에 털썩 주저앉았다.

'저 의자는 미로노프 대위가 살아 생전에 즐겨 앉았던 것인데. 그 옆에는 부인이 앉아 늘 잔소리를 하시곤 했었지.'

아첨하기를 잘 하는 시바브린이 손에 술병을 들고 들어왔다.

"먼길 오시느라 목이 마를 텐데, 보드카 한잔 드시지요."

"고맙네. 마침 한잔 생각나던 참인데. 참, 이 사람에게도 한잔 주게."

별로 내켜하지 않는 시바브린이었지만, 폐하의 명령이라 하는 수 없이 내 곁으로 다가와 술 한 잔을 권하였다.

"자, 한잔 하게."

더 이상 그의 얼굴조차 보기 싫은 나는 고개를 획 돌려 버렸다. 이런 내 태도에 그는, 무언가 좋지 않은 일로 푸가초프가 이 곳을 찾아왔다는 사실을 느낄 수 있었다.

"이 요새의 경비는 철저히 하고 있겠지?"

"물론입니다."

푸가초프는 의례적인 말로 이 곳 상황에 대해 물었다. 시바브린은 연신 손을 비벼 대면서 그 동안 있었던 일을 보고했다.

"잘 하고 있군. 흠, 내가 여기 들른 것은 한 가지 알아볼 것이 있어서야. 들리는 말에 의하면 자네가 웬 여자를 가두어 놓고 있다고 하던데 그게 사실인가?"

그러자 시바브린의 얼굴은 백지장처럼 하얗게 변했다.

"말도 안 되는 소립니다. 몸이 아픈 아가씨를 보호하고 있을 뿐이죠."

"그래? 그렇다면 어디 가 보세."

더 이상 변명할 틈도 주지 않는 푸가초프는 그 자리에서 벌떡 일어나 앞장을 섰다. 시바브린과 나는 그 뒤를 따랐다. 마리아의 방으로 우리를 안내하던 시바브린이 걸음을 멈추고 뒤를 돌아다보았다.

"폐하! 제 말씀 좀 들어 보세요. 전 폐하가 원하는 일이라면 무엇이든지 할 수 있습니다. 그러나 제 아내의 침실을 보신다는 것은……."

그의 말을 듣는 순간 나는 화가 치밀어올랐다.

"아내라니! 어떻게 마리아가 네 아내라는 거야?"

"아, 진정하게. 이 일은 내가 처리할 테니까."

시바브린에게 달려들려는 나를 푸가초프가 손을 들어 막았다.

"잘 듣게, 시바브린. 내가 하려는 일은 누구도 막지 못해. 그게 자네 부인일지라도 말이야. 긴 말 하지 말고 어서 앞장서게."

마침내 마리아의 방문 앞에 도착하자, 다시 한 번 시바브린이 떨리는 목소리로 우리를 말렸다.

"아, 지금 제 아내는 사람을 만날 기력이 없습니다. 몇 날 며칠을 고열로 시달려왔기 때문에 사람을 알아볼 수 없을 정도입니다. 다시 건강이 회복되면 그 때 만나도 늦지 않을 것입니다."

"이 사람이! 어서 문을 열지 못해!"

푸가초프는 결국 호통을 쳤다. 게다가 시바브린이 방문 열쇠를 가져

오지 않았다면서 시간을 끌자, 더 이상 참지 못하고 문을 걷어찼다.

"꽈당!"

문이 열리며 마리아가 모습을 드러냈다.

"아아! 저럴 수가……."

나는 내 눈을 의심할 수밖에 없었다. 곱던 마리아의 머리칼은 마구 헝클어져 있었고, 옷은 거의 구멍이 난 상태였다. 그녀 앞에는 빵 부스러기와 물 한 잔이 놓여져 있었다. 그 처참한 광경을 본 순간 넋이 나간 내가 어떻게 행동했는지 기억할 수가 없었다. 그 때 마리아는 나를 보고는 아마 소리를 질렀던 것 같았다.

푸가초프는 마리아에게 천천히 다가가 조용한 말투로 물었다.

"부인! 도대체 무슨 용서받지 못할 짓을 하여 남편으로부터 이처럼 혹독한 벌을 받고 있는 거요?"

"부인이라니요? 대체 누가 내 남편이라는 거예요? 나를 이 곳에 가둔 저 사람은 내 남편이 아니에요. 저런 사람과 결혼을 하느니 차라리 굶어 죽고 말겠어요!"

어쩔 줄을 모르고 서 있는 시바브린을 향해 푸가초프가 소리쳤다.

"이런 나쁜 놈! 네가 한 짓이 얼마나 비열한 짓인지 알기나 하느냐!"

"폐하! 살려 주십시오."

시바브린은 서슴없이 무릎을 꿇고는 빌기 시작했다. 그러자 여간해서는 풀릴 것 같지 않던 푸가초프의 얼굴이 약간 누그러지는 듯했다.

"좋아! 그렇게 잘못을 뉘우치고 있으니 이번만은 용서하지. 하지만 다음 번에도 이와 같은 일이 일어난다면, 그 땐 가차없을 줄 알아!"

"아, 정말 고맙습니다."

귀족 출신으로 정부군의 장교였던 시바브린이 목숨을 구걸하는 장면은 눈을 뜨고 보기 민망할 정도였다. 그러나 그는 한편으로는 비열한

눈빛으로, 나를 향해 이렇게 말하는 듯했다.

'망할 자식, 네 앞날이 어떻게 되나 꼭 지켜보겠어.'

푸가초프는 다시 마리아를 쳐다보며 황제의 자비를 베풀었다.

"아가씨! 이제 당신의 고통은 끝났소. 지금부터 어디든지 가도 좋소. 황제의 이름으로 그대에게 자유를 줄 것이다."

마리아는 그 때 푸가초프의 얼굴을 가까이에서 볼 수 있었다. 그녀는 그가 자신의 부모님을 죽인 원수라는 것을 알고는 그만 외마디 비명을 지르며 기절해 버렸다.

"악!"

멍하니 서 있던 나는 비명 소리에 놀라 얼른 그녀 곁으로 다가갔다.

"오! 마리아. 정신 차려요."

"아가씨!"

어디서 나타났는지 하녀 팔라샤가 뛰어들어와 그녀를 부축해 침대 위로 눕혔다. 무슨 영문인지를 눈치채지 못한 푸가초프가 방을 나갔다. 나는 마리아가 편히 누워 잠든 것을 보고 뒤따라 거실로 나왔다.

"이제 자네 마음이 한결 나아졌겠군."

푸가초프는 거실에 있는 의자에 앉으면서 말을 꺼냈다.

"이제 더 이상 미룰 것 없이 결혼식을 올리도록 하세. 음, 내가 저 아가씨의 아버지 역할을 하고, 시바브린에게 들러리를 시키면 되겠지. 그럼 먼저 게라심 신부 댁에 사람을 보내 이 사실을 알려야겠군."

그 순간 나는 푸가초프 곁에 있는 시바브린의 얼굴을 살폈다.

'이크, 올 것이 왔군. 조금 있으면 마리아의 비밀이 밝혀지겠군.'

내 추측대로 시바브린은 앞으로 썩 나서며 말했다.

"드릴 말씀이 있습니다."

"그래? 어서 말해 보게."

"마리아는 게라심 신부의 조카딸이 아닙니다."

"뭐? 지금 자네가 한 말을 책임질 수 있나?"

"네. 사실 그녀는 이 곳 사령관이던 미로노프 대위의 딸입니다."

푸가초프는 나에게 이 일을 확인하려는 듯이 내게로 눈길을 돌렸다.

"표트르 안드레비치, 자네는 이 일에 대해 알고 있겠지?"

더 이상 숨길 수 없다고 생각한 나는 솔직히 대답했다.

"그렇습니다. 시바브린의 말대로 마리아는 전 사령관의 딸입니다."

"그럼 왜 이제까지 아무 말도 하지 않았나? 나를 속이기 위해 일부러 그런 것인가?"

"절대로 당신을 일부러 속이려고 작정한 것은 아닙니다. 하지만 당신 주변엔 늘 부하들이 몰려 있어서 그런 이야기를 꺼낼 수가 없었어요. 만약 마리아가 사령관의 딸이라는 것을 당신 부하들이 눈치채는 날엔 그녀는 살아남지 못할 테니까요."

그제야 푸가초프는 고개를 끄덕이며 이해했다.

"자네 말이 틀린 말은 아니네. 만약 이 사실을 알았더라면 내 부하들이 마리아를 그냥 놔 두지 않았을 거야."

"다시 한 번 말씀 드리지만, 당신은 내 목숨을 살려 준 은인입니다. 당연히 나는 당신을 위해 내 목숨이라도 내놓아도 아깝지 않을 정도입니다. 하지만 당신과 나는 갈 길이 다른 정부군과 반란군입니다. 나또한 내 조국을 저버릴 수 없는 처지이기 때문에, 마음속으로나마 당신의 행복을 빌 뿐입니다."

"자네가 말하려는 것이 무엇인가?"

나의 진심어린 말에 푸가초프는 감동이 된 듯 조용히 물었다.

"마리아와 저를 풀어 주십시오."

"좋아, 자네의 소원대로 해 주지. 처음 자네를 봤을 때 살려 주기로 마음먹었으니까 내 끝까지 그 약속을 지키겠네."

이 말을 들은 시바브린은 아무 말도 못하고 끙끙대고 있을 뿐이었다.

"시바브린, 마리아와 안드레비치에게 내가 점령한 곳은 어디든지 갈 수 있는 통행증을 만들어 주게."

황제의 명령에 시바브린은 아무런 불평을 할 수 없었다. 곧 이 곳 요새를 둘러보기 위해 푸가초프가 자리에서 일어서자, 시바브린은 그 뒤를 따랐다.

그들이 돌아가고 난 뒤, 나는 기쁜 마음으로 마리아의 방으로 갔다.

"마리아!"

"지금 옷을 차려입고 있어요! 게라심 신부님 댁에 먼저 가시면 곧 따라갈게요."

게라심 신부 댁에서는 나를 반갑게 맞아 주었다.

"아니, 제가 오는 줄 어떻게 알고 나와 계십니까?"

"사벨리치 할아범이 소식을 전해 주었네. 기다리는 자에게 복이 찾아온다고 하더니 자네가 이렇게 무사히 돌아올 줄이야. 자네가 없는 동안 끝까지 마리아를 지켜 줬어야 하는데 그렇지 못해 면목이 없네."

"신부님 잘못이 아닙니다. 그 못된 시바브린 때문이에요."

"그런데 푸가초프와는 특별히 친한 사이인가? 어째서 정부군의 장교인 자네를 이렇게 각별히 대우해 주는지 이해할 수 없군."

그러자 신부의 부인이 나서서 말을 가로막았다.

"이제 그만하세요. 우리를 찾아온 손님인데 어서 안으로 모셔요."

신부의 부인은 곧 정성스런 식사를 차려 나를 대접했다. 부인은 그동안 있었던 일을 자세히 말해 주었다.

'마리아가 그 동안 몹시 힘들었겠군.'

부인은 내게도 그 사이 일어났던 일이 궁금한 듯 물었다. 나는 오렌부르크에서 전투 중에 마리아의 편지를 받고 이 곳으로 온 일을 대강 이야기했다.

"조금 전 푸가초프는 당신들이 마리아의 부모가 아니라는 사실을 알고 말았어요."

"아…… . 물론 시바브린이 한 짓이겠지요."

"맞습니다."

"하느님! 부디 우리를 지켜 주십시오."

신부님과 부인은 성호를 그으며 기도를 올렸다.

"똑똑!"

"들어오세요."

문안으로 모습을 드러낸 사람은 바로 마리아였다. 비록 그녀는 야윈 얼굴이었지만 예쁜 드레스를 입고 서 있는 모습은 몹시 아름다웠다.

"아, 마리아. 드디어 와 주었군."

나는 자리에서 일어나 마리아 곁으로 다가갔다. 그녀를 보면 할말이 많을 것 같았는데, 막상 무슨 말을 해야 할지 말문이 막혔다.

"아 참, 여보. 조금 전 하다 만 일을 마무리해야 하지 않아요? 얼른 거실로 나갑시다."

신부님 부부는 우리에게 자리를 피해 주기 위해 서둘러 방을 나갔다. 우리는 두 손을 붙잡고 자리에 앉았다.

"그 동안 고생이 심했겠소."

"제 편지를 받고 이렇게 와 주시니 정말 꿈만 같아요. 전 시바브린에게 시달림을 받으면서 제 인생이 끝나는 줄 알았어요."

"못된 놈!"

마리아는 잠시 머뭇거리다가 내게 물었다.

"저, 물어 볼 말이 있어요. 내가 감금되어 있을 때 당신과 함께 나타

나서 나를 구해 준 사람이 반란군의 대장 아닌가요?"

"그렇소."

"맞군요. 그 자가 바로 우리 부모님을 처참하게 죽인 사람이……."

그녀는 더 이상 말을 맺지 못하고 흐느껴 울었다. 나 역시 이미 지나 버린 날들이 다시 떠올라 마음을 주체할 수 없었다.

"마리아, 이제 지난일은 그만 잊어요. 우리의 앞날을 생각해 봐요. 이 제 이 요새는 더 이상 머물러 있을 곳이 못 되오. 여기에서 떨어진 오 렌부르크 역시 적들과 싸움 중이라 살만한 곳은 아닌 것 같소. 그래 서 하는 이야기인데……."

내 고향 이야기를 하려다가 그만 입을 다물었다. 그녀는 이미 나의 아버지가 그녀를 받아들이지 않는다는 것을 잘 알고 있었기 때문이다. 하지만 다른 길이 없다는 것을 알고 나는 용기를 내었다.

"함께 우리 부모님이 계시는 곳으로 갑시다. 분명 조국을 위해 목숨 을 바친 미로노프 대위님의 딸을 기쁜 마음으로 맞이해 주실 거요."

"하지만 그건……."

"마리아, 내 말 잘 들어요. 이제 당신과 나는 한 몸이나 마찬가지요. 서로 어려운 역경을 넘어 이렇게 함께 있을 수 있게 되었소. 이제 다 시는 당신과 헤어지지 않을 것이오."

마리아는 내 말에 고개를 끄덕이며 눈물을 흘렸다. 서로의 마음이 같 다는 것을 확인하는 순간이었다. 이 때, 신부의 부인이 손님이 왔다고 알려왔다.

"황제께서 통행증을 전해 주라고 하시며, 지금 좀 보자고 하십니다."

서둘러 푸가초프가 있는 곳으로 간 나는, 떠날 채비를 하고 있는 그 를 만날 수 있었다.

"이제 자네와는 마지막이로군. 그럼 다시 만난 사령관의 딸과는 잘

살기를 바라네. 자, 출발하라!"

"안녕히 가십시오."

나는 단지 이 말밖에는 할 수가 없었다. 하지만 내 마음속은 혼란스럽기 그지없었다.

'저 사람은 악당으로 정부군에게는 용서받지 못할 사람이다. 하지만 우연히 나는 너무도 많은 신세를 지게 됐다. 할 수만 있다면 지금이라도 도둑의 무리에서 저 사람을 빼내 새로운 생활을 할 기회를 만들어 주고 싶은데.'

이런 생각에 젖어 있는 동안 그는 사람들에게 둘러싸여 환호를 받으며 내게서 멀어져 가고 있었다. 시끌거리던 사람들도 흩어지고 마중 나온 시바브린의 모습도 보이지 않을 때까지 나는 그 자리에 있었다.

잠시 후, 신부의 집으로 돌아온 나는 마리아와 함께 짐을 대강 정리한 뒤, 예전에 사령관의 소유였던 마차에 짐을 실었다. 그녀는 부모님의 무덤에 다녀오겠다는 말을 남긴 뒤, 혼자 밖으로 나갔다.

다시 집으로 돌아온 마리아와 나, 하녀 팔라샤는 서둘러 마차에 올랐다. 사벨리치 할아범은 마부 옆에 자리를 잡았다.

"신부님, 그 동안 마리아를 돌봐 주셔서 정말 고맙습니다."

"부디 몸조심하세요. 두 분 모두 행복하길 빌겠어요."

마차가 서서히 출발하려고 할 때, 나는 대위의 집 창가에 서 있는 시바브린의 모습을 발견했다.

'얼음같이 차가운 눈빛이로군.'

더 이상 그와 싸울 생각이 없어진 나는 얼른 눈길을 돌렸다. 벨로고르스크 요새를 벗어나면서 묵은 때를 떨어버리는 것 같은 기분이었다.

'꿈만 같구나. 오렌부르크를 떠나면서 과연 마리아를 구해 낼 수 있을까 고심했는데 그녀와 함께 마차를 타고 있다니.'

너무나 소중한 그녀를 바라보며 나도 모르게 웃음이 나왔다. 그녀 역시 나를 보며 아무 말 없이 웃어 주었다.

　요새를 떠나 두 시간쯤 흐르자, 한 요새에 도착할 수 있었다. 보초병이 통행증을 요구하자 나는 푸가초프에게서 받은 것을 보여 주었다.

　"이 분은 새 황제 폐하의 은총을 받은 분이다."

　마부가 시키지도 않은 말을 지껄이자 보초병은 내가 내민 통행증을 번갈아 보더니 곧 요새의 책임자를 불러왔다.

　"어서 오십시오. 원하는 것이 있으면 주저하지 말고 말씀하십시오."

　정중하게 우리를 대해 주는 그 곳 사령관은 속히 말을 바꾸어 준 뒤, 여러 가지로 융숭히 대접해 주었다. 감사의 인사를 하며 막 떠나려고 할 때, 그 사령관은 우리에게 한 가지 일러 주었다.

　"조금 더 가면 군부대가 나올 것입니다. 그 부대는 황제 폐하와 만나기 위해 이동중인데 사나운 편이죠."

　다시 그 곳에서 말을 몰고 전속력으로 달리던 우리는 한 마을에 도착했다. 한 무리의 사람들이 길을 막고 소리쳤다.

　"누구냐!"

　마부는 아주 당당하게 대답했다.

　"황제의 신임을 받고 있는 높은 분들이시오."

　"하하하, 잘 걸렸다. 어서 썩 내려 내 칼을 받아라."

　마차 안에 있던 나는 아차 싶었다. 그들은 아마도 푸가초프와는 상관이 없는 정부군일 거라는 생각이 머릿속을 스쳐 지나갔다.

　"잠깐! 나를 너희 대장에게 안내해라. 나는 정부군의 장교로 이 곳을 지나던 길이었다."

　"장교라고?"

　그들은 잠시 저희들끼리 수군거리더니 내게로 왔다.

"좋다, 우리 소령님께 데려다 주겠다. 나를 따라오시오."

나와 사벨리치는 마차에서 내려 그들 뒤를 따라 걸었다.

'참, 이건 또 무슨 날벼락인가? 조금 전까지 잘 나가다가 일이 꼬여 버리다니 이거 참, 앞으로의 일이 걱정이로군.'

곧 환하게 불이 켜져 있는 한 오두막집에 도착하자 우리를 안내해 온 상사가 뒤돌아보며 말했다.

"기다리시오."

안으로 들어갔던 상사가 나와 이렇게 전했다.

"당신은 저 보초병을 따라 감옥으로 가야겠소. 마차 안에 있는 당신 부인은 소령님께서 좀 보자고 하는군."

"대체 그게 무슨 말인가?"

얼굴도 보지 못한 소령에게 너무도 화가 난 나는 그 상사를 손으로 밀치고 다짜고짜 집 안으로 뛰쳐들어갔다. 집안에는 보초병이 서 있었으나 너무도 무섭게 뛰어드는 나를 그들은 막지 못했다.

방 안에는 서너 명이 둘러앉아 노름을 하느라 정신이 없었다. 그 자들 가운데 어디선가 본 적이 있는 사람이 있었다.

'아, 생각나. 벨로고르스크 요새로 오던 날 당구장에서 내기 게임을 벌려 내 돈 백 루블을 가져간 이반 이바노비치 주린이 틀림없어.'

나는 큰 소리로 그의 이름을 불렀다.

"주린! 나를 몰라 보겠나?"

"자네는 표트르 안드레비치가 아닌가? 그런데 여긴 어쩐 일이야."

주린 역시 깜짝 놀라는 눈치였지만, 하던 카드 놀이를 멈추지 않았다.

"이봐! 자네에게 신세 좀 져야겠어. 오늘밤 지낼 방을 좀 마련해 줘."

"방이라고? 그냥 여기서 나와 함께 카드 놀이나 하면서 지내지."

"나 혼자가 아니네."

"같이 온 사람이 여자라도 된다는 말이군."

"맞아, 내 아내와 함께 여기를 지나던 길이었어."

"와! 재주 좋군. 그렇다면 내가 자네 부부가 묵을 방을 알아보지."

주린의 농담에 그 곳에 있는 다른 사람들이 낄낄대며 웃어 댔다.

"이봐! 보초병. 조금 전에 잡았다던 그 푸가초프의 측근이라는 놈의 부인되는 여자는 왜 아직도 데려오질 않나? 오지 않겠다고 고집을 부리면 힘을 써서라도 이 곳으로 데려오도록 해!"

"대체 그게 무슨 말이야? 당신이 말한 그 여자는 조국을 위해 죽음을 선택한 미로노프 대위의 따님이네. 어려운 고비를 넘어가며 구출해서 우리 부모님이 살고 계신 고향으로 데리고 가던 길이란 말이야."

"이게 어떻게 된 거야? 그럼 보초병이 보고한 일이 당신 일이었나? 궁금하니 자세히 좀 이야기해 보게."

나는 우선 마리아를 안전한 곳으로 데려다 놓고 싶었다.

"이야기는 나중에 하기로 하고 얼른 대위의 딸이 묵을 곳을 먼저 마련해 주게."

"알았네."

곧 주린은 명령을 내려 이 곳에서 가장 아늑한 여관으로 그녀를 안내했고, 나는 주린과 함께 그의 숙소에 머물렀다.

늦은 저녁 식사를 한 나는 주린에게 그 동안 있었던 일을 모두 털어놓았다. 잠자코 내 이야기를 듣던 그는 내게 충고를 해 주었다.

"그 동안 어려운 일을 많이 겪었군. 하지만 자네가 잘못 생각하는 것이 하나 있어."

"그게 뭔가?"

"결혼이야. 왜 그렇게 서둘러 마리아와 결혼을 하려고 하는 거지? 아직 자네는 한 남편과 아버지가 되는 것보다 할 일이 많아. 내가 하는 말을 비꼬는 말로 듣지 말고 명심해서 들어 주게. 날이 밝는 대로 저 아가씨는 자네 부모님께 혼자 보내도록 하세. 심비르스크로 가는 길이라면 걱정하지 않아도 돼.”

“그렇지만 마리아 혼자 어떻게 보낸단 말인가?”

“나약한 마음을 가지고는 아무 일도 할 수 없어. 자네는 반란군이 득실대는 오렌부르크로 다시 돌아갈 필요는 없어. 이번에 다시 그들에게 붙들리는 날에는 여간해서는 목숨을 부지하기 힘들 거야. 결혼을 위하여 조국을 저버릴 셈은 아니겠지?”

주린의 충고보다는 군인으로서의 의무감이 내 가슴속에서 꿈틀댔다. 결국 나는 마음을 굳히고 사벨리치를 불렀다.

“내일 마리아를 데리고 고향으로 돌아가게. 난 아직 여기서 해야 할 일이 남아 있어.”

“어떻게 도련님 혼자 내버려두고 갑니까? 주인 어른이 이 일을 알게 되면 저는 당장 쫓겨날 게 뻔합니다.”

“제발 부탁하네. 자네가 마리아를 지켜 주어야 내가 안심할 수 있어. 나는 부모님의 허락이 떨어지면 그녀와 결혼할 작정이야.”

“아이고! 주인 나리가 어떻게 나올지 잘 아시지 않습니까?”

“그렇지 않아. 마리아를 직접 만나 보면 분명히 생각이 달라지실 거야. 게다가 할아범이 잘 이야기하면, 내 뜻을 알아 주실 거야.”

사벨리치는 자신을 믿는다는 내 말에 좋아라 했다.

“도련님은 아직 결혼하기엔 어린 나이지만 마리아 아가씨처럼 좋은 분을 놓칠 수는 없지요. 그럼 도련님 말씀대로 저는 아가씨를 모시고 먼저 주인 나리에게 가 있겠어요.”

“고맙네.”

사벨리치가 방에서 나가고 난 뒤, 나는 부모님께 보낼 편지 한 장을 썼다. 그러고는 주린이 있는 방으로 가서 그와 좀더 이야기를 나누었다.

날이 밝자, 나는 마리아를 찾아가 어젯밤 내가 결심했던 일들을 말했다.

"잘 생각하셨어요. 아직 장교로서 해야 할 일들이 많을 테니까요. 그동안 저 때문에 하려던 일을 망치지나 않나 걱정했어요."

"그렇게 이해해 주니 고맙소."

마리아는 나를 붙잡아 두려 하지 않고 내 계획을 지지해 주었다. 그제야 마음이 놓인 나는 사벨리치에게 부모님께 전하는 편지를 주었다.

"자, 어서 아가씨를 모시고 떠나게."

"도련님, 부디 몸 건강히 계세요."

마리아는 나오려는 눈물을 억지로 참고 내게 작별 인사를 했다.

"늘 하느님이 당신과 함께 하시길 마음속으로 빌겠어요. 비록 당분간 떨어져 있더라도 당신을 위해 늘 기도하겠어요."

"꼭 다시 만날 테니 기다려 주시오."

나는 그녀와 더 많은 말들을 나누고 싶었지만, 배웅을 나온 사람들이 지켜보고 있었기 때문에 그만 작별을 했다.

마침내 마차가 떠나고 나는 혼자 남았다. 내 곁에 서 있던 주린이 쓸쓸한 내 마음을 눈치채고 위로의 말을 했다.

"걱정하지 말게. 심비르스크로 가는 길은 내가 다 점령해 놓았으니, 아무 일 없을 거야. 자자, 떠난 사람은 잊어버리고 어서 가서 고픈 배나 채우세."

계절은 벌써 2월 말이었다. 지루하고 추웠던 시기가 지나자 우리는 곧 합동 작전에 들어갔다. 푸가초프는 그 때도 오렌부르크 주위를 서성이며 맴돌고 있었다. 정부군은 서서히 그들을 사방에서 포위해 갔다.

"좋은 소식이 있어. 반란군에게 항복했던 마을들이 하나 둘씩 우리 정부군에게 돌아오고 있는 중이야. 게다가 우리 군이 사나운 반란군들을 무찌르기 시작했어. 이제 그 놈들은 우리만 보면 줄행랑이야.”

“그게 정말인가?”

주린은 파견 나간 병사에게서 들은 보고 내용을 내게 말해 주었다. 그리고 얼마 후, 골리츠인 공작의 지휘 아래 푸가초프의 무리들과 격렬한 선투가 벌어졌다. 결과는 정부군의 승리로 끝이 났고, 오렌부르크를 되찾을 수 있었다.

주린이 이끄는 부대도 근처에 남아 있는 바시키르 인들을 소탕하기 위해 나서곤 했다. 하지만 날씨가 풀리면서 강물이 넘쳐나 우리는 타타르 마을에 갇히는 신세가 되고 말았다.

‘이제 조금만 있으면 이 지겨운 전쟁도 끝날 거야.’

하루 하루를 마음의 위안을 삼으면서 보내던 어느 날, 새로운 소식이 들려왔다.

“푸가초프가 시베리아 공장 지대에 있는 무리들을 새로 모아 다시 돌아다니고 있다는군. 이미 시베리아 근처의 여러 요새가 놈의 손에 넘어간 모양이야.”

그 소식으로 우리 부대는 다시 우울한 나날이 계속되었다. 다시 얼마 뒤, 더욱 놀라운 소식이 우리를 기다리고 있었다.

“그 망할 놈이 이제는 모스크바를 노리고 있는 것 같아. 모스크바 동쪽에 위치한 카잔을 이미 점령하고 모스크바로 가고 있다는군.”

정부군들은 발등에 떨어진 불을 끄기 위해 허둥댔다. 도둑놈의 우두머리일 뿐이라고 얕잡아보았는데, 사태는 점점 심해져 갔다.

우리 부대는 볼가 강을 건너 합류하라는 명령을 받고 행군을 하여 그 근처에 있는 한 마을에 이르렀다. 그 곳은 이미 적들이 짓밟고 지나간 곳이라 눈을 뜨고 볼 수 없을 정도로 비참했다.

“이제 여기도 먹을 것이 남아 있지 않소.”

그 마을의 촌장쯤으로 보이는 노인이 비참한 표정으로 말했다.

"아무리 그래도 숨겨 놓은 비상 식량이라도 있을 것이 아니오. 우리 병사들이 기운을 차려야 그 악당 놈을 무찌를 테니……."

"정말입니다. 그 놈들이 집안에 남아 있는 거라곤 몽땅 쓸어 갔어요."

"이거 참, 야단났군."

이미 푸가초프가 지나간 마을엔, 우리가 가더라도 사람들은 환영 하는 기색이 아니었다. 그만큼 먹을 것이 부족하여 곤란을 겪고 있었다.

마을 일을 보던 관청은 벌써 문을 닫은 상태였고, 지방의 제법 산다 하는 부자들은 몸을 숨겨 나타나지 않았다. 반란군이나 정부군이 나타 날라치면 꼬리부터 감추며 숨곤 하는 것이었다.

'아, 이게 무슨 난리란 말인가? 악당들을 없애기 위한 정부군조차 주민들을 괴롭히기는 마찬가지니 어서 이 싸움이 끝이 나야 할 텐데.'

나의 이런 바람이 통했는지 드디어 지루한 싸움의 끝을 알리는 기쁜 소식이 들려왔다.

"기뻐들 하게. 드디어 푸가초프가 잡혔다는군."

"와! 그게 정말입니까?"

"그래. 정부군 대장인 이반 이바노비치 미첼손에게 완전히 포위된 뒤, 얼마 안 가 결국 두 손을 들고 항복했다는 거야!"

그 뒤 곧 우리는 이 싸움을 중단하라는 상부의 통지를 받았다.

"아, 드디어 집에 갈 수 있겠군."

"후후, 마리아를 만날 생각에 가슴이 벅차겠군."

나도 모르게 나오는 환호성에 주린은 웃으며 한 마디 던졌다. 그의 농담 섞인 말을 귓가에 흘리면서 나는 갑자기 체포된 푸가초프의 운명이 걱정스러웠다.

'당신은 도저히 구제 받을 수 없는 짓을 함부로 저지르며 돌아다녔다. 사형이 떨어질 것이 당연하다. 왜 그 부질없는 목숨을 버리지 않고 체포되었을까? 쏟아지는 총알 속으로 달려들어 차라리 죽는 것이 훨씬 나았을 텐데…….'

이런 생각이 나를 몹시 힘들게 만들었다. 그는 나를 죽음에서 구해준 사람이고, 내가 사랑하는 연인 마리아 역시 그의 도움을 받아 구해낼 수 있었기에, 마음 한 구석엔 그에 대한 연민이 자리 잡고 있었다.

'만약 다른 사람이 내 마음속을 들여다본다면 분명히 욕을 하고 돌을 던질 것이다. 그 흉악한 악당 놈을 편들다니 말도 안 되는 짓이라고 말이다. 하지만…….'

그렇다. 그에게 물건과 목숨을 빼앗긴 사람들은 그를 죽이고 싶도록 미워하는 게 당연하겠지만 나에게만은 그렇지가 않았다.

전쟁도 끝나고 일이 마무리되자, 주린은 내게 휴가를 주었다.

'이제 며칠 뒤엔 집에 갈 수 있어.'

꿈만 같은 날이 흘러가고 드디어 집으로 떠나려던 날이 되었다.

"주린, 내게 작별 인사라도 먼저 하려고 이렇게 급히 찾아온 건가?"

"그게 아니라……."

주린은 아침 일찍 나를 찾아왔다. 그의 얼굴엔 무언지 모를 걱정이 어려 있었다.

"혹시 내 휴가 계획이 취소되는 일이라도 생긴 건가?"

"그래. 여기 자네에게 온 편지가 있어."

분명 좋은 일은 아닐 거라는 불길함 예감에 서둘러 주린이 건네준 편지를 펼쳐 들었다.

　　이 편지를 받는 즉시 표트르 안드레비치 장교를 체포하기 바란다. 그는 푸가초프와 내통한 적이 있는 자로, 이에 대해 조사하려

한다. 곧 카잔에 있는 사문 위원회로 그를 잡아오도록 명령한다.

나는 들고 있던 편지를 바닥에 떨어뜨렸다.
"사문 위원회라면……."
"자네가 푸가초프와 관련이 있는가를 조사한 뒤, 자네를 어떻게 처리할 것인가를 결정짓는 일을 하는 곳이지."
주린은 그에게 온 비밀 문서에 속하는 편지를 내게 보여 준 것이다.
"아, 어째서 이런 일이 사문 위원회에까지 들어가게 된 거지?"
"설마 나를 의심하는 건 아니겠지? 나는 자네의 결백을 믿는 사람 중의 하나야. 이번 일은 나와는 아무 상관이 없어."
"알겠네."
"이번 일은 누군가 자네를 해치려고 거짓 보고를 한 것일 거야. 자네는 그 곳으로 가서 숨김없이 사실대로만 이야기하게. 위원회에서 자네의 진실을 알아보면 자네는 곧 풀려날 수 있을 거야."
처음에 편지를 받았을 땐 무척 당황스러웠지만, 곧 마음이 안정됐다.
'푸가초프에게 난 우리 측 군사 기밀을 넘겨준 적도, 그의 편이 되어 싸운 적도 없어. 양심에 거리낄 일을 한 게 없으니까 괜찮을 거야.'
그렇지만 부모님과 마리아를 만날 시간이 뒤로 미루어진다는 것이 왠지 슬프고 안타까웠다. 곧 준비된 마차에 오른 나는 주린이 있는 부대를 떠나 카잔으로 향했다. 내 옆에는 장검을 빼든 두 명의 호위병이 꼼짝 않고 지키고 있었다.

여왕을 만난 마리아

'우선 군대의 법을 어긴 일들을 생각해 보자.'

나는 흔들리는 마차 안에서 사문 위원회가 내게 던질 질문들을 생각해 보았다.

'우선 오렌부르크를 떠나 마리아가 있는 곳으로 갈 당시 나는 사령관에게 허락을 받지 않았다. 사령관이 내게 병사들을 줄 것을 거절했기 때문에 다급해진 나는 내 마음대로 그 곳을 떠났다.'

그것은 군대를 무단 이탈한 죄로 여겨질 수 있는 것이었다.

'하지만 한편으론 적진을 향해 쳐들어가는 것은 그 때 누구에게든 권하고 있던 일이니 잘 대답한다면 크게 문제 될 것은 없을 것이다.'

지금 가장 큰 문제는 푸가초프와 나의 관계였다.

'그와 나의 다정한 모습을 지켜본 사람들은 분명 좋지 않은 쪽으로 증언을 할 게 분명하다. 사실을 잘 알지 못하는 대부분의 사람들이 그렇게 인정하는 것도 무리는 아닐 것이다. 아, 그럼 나는 어떻게 말을 해야만 이 힘든 상황에서 벗어날 수 있단 말인가?'

있는 그대로 답하기만 하면 된다고 처음에 생각했던 것과는 달리 점점 걱정이 되었다.

'하는 수 없어. 사실 그대로 답하는 수밖에 없어. 그 다음 일은 사문 위원회에서 알아서 결정하겠지.'

마차는 속력을 내어 카잔에 도착했다. 그 곳은 이미 엉망이 되어 버려 남아 있는 건물이라곤 눈을 씻고 찾으려고 해도 볼 수가 없었다.

'푸가초프의 무리들이 이렇게 만들어 놓았군. 아, 정말 비참하다.'

이런 생각을 하면서 말에서 내린 나는 곧 수갑이 채워졌다. 다시 병사들에게 끌려 감옥에 갇힌 채 그날 밤을 보냈다.

'이런 곳에 오게 되니 하느님의 말씀이 더욱 가까이 들리는 것 같구나. 늘 어려움 속에서도 용기와 희망을 잃지 말라고 한 뜻이 무엇인지 알겠어. 내가 사랑하는 사람들을 위해 꿋꿋해지겠어.'

감옥에서 자는 둥 마는 둥 하며 몸을 뒤척이다 보니, 어느 새 날이 밝아오고 있었다.

"이봐! 일어나!"

보초병이 깜빡 잠이 든 나를 흔들어 깨웠다. 내가 눈을 비비며 주변을 두리번거리자, 그는 다시 한 번 내게 명령을 했다.

"어서 나를 따라오도록 해!"

그의 뒤를 따라간 곳은 사령관의 숙소로 보이는 방이었다. 그 곳에는 책상이 하나 놓여져 있었고, 그 앞에 두 사람이 앉아 있었다. 한 사람은 나이가 들어 보이는 장군이었고, 그 옆에 앉아 있는 사람은 젊은 근위대 소속 장교였다. 그리고 한 쪽 구석에는 펜을 든 서기 한 명이 서류를 작성하고 있었다.

"이름과 직위를 대라."

"표트르 안드레비치 소위입니다."

내가 자리에 앉자마자 근위대 장교가 사무적인 말투로 물었다. 내가 이름을 말하자 옆에 있던 장군이 나를 알아보는 듯했다.

"혹시 자네 아버지가 안드레이 페트로비치가 아닌가?"

"맞습니다."

"거 참, 이상한 일이군. 그토록 충성스런 사람에게서 어떻게 자네 같은 반역자가 나올 수 있는지 모르겠군."

고개를 갸웃거리며 나를 우습게 바라보고 있는 장군을 보니 참을 수가 없었다. 하지만 아무런 말도 하지 않은 채 가만히 있으려니 근위대 장교가 다음 질문을 계속했다.

"자, 바른 대로 대라. 반역자 푸가초프를 도와 무슨 일을 했지?"

"아닙니다. 하느님께 맹세합니다만, 그런 일은 하지 않았어요. 제 아버지의 명예에 먹칠을 한 일은 절대 없었단 말입니다."

"아직도 자신의 죄가 어떤 것인지 모르는 모양이군."

"정말입니다."

나는 거의 울먹이면서 나의 진심을 이야기했다.

"좋아, 그렇게 딱 잡아뗀다면 내가 말해 주지. 우선 벨로고르스크 요새가 함락될 때 어째서 너 혼자만 살아남았지? 대위와 많은 사람들이 교수대에서 죽어 가는 순간에 말이야. 게다가 네가 푸가초프의 대장들과 어울려 술 마시는 것을 보았다는 증인도 여러 명 있어."

"그건……."

"한 가지 더 말해 주지. 자네가 편히 갈 수 있도록 따뜻한 외투와 말 한 필까지 선물 받았다는 걸 어떻게 설명할 텐가?"

역시 내가 추측한 대로 정부군 측에서는 나에 대해 많은 사실을 보고받고 있었다. 이제 어쩔 수 없는 상황에 부닥친 것이다.

"사실대로 모든 걸 말씀드리겠어요."

결국 나는 처음 푸가초프를 만난 것에서부터 그와의 계속되는 인연에 대해 하나도 숨김없이 설명을 했다. 마지막으로 덧붙여 오렌부르크의 사령관의 이름을 대며, 내가 반란군의 무리들과 얼마나 치열하게 싸웠는지에 대해서도 말했다.

"지금 우리에게 그 따위 말도 안 되는 이야기를 믿으라는 건가?"

"하지만 이제까지 말씀드린 일은 모두 사실입니다."

나이 든 장군이 자리에서 일어서며, 편지 한 장을 내게 쑥 내밀었다.

"이제 무슨 편지인 줄 아나? 바로 오렌부르크의 대장이 보낸 편지야. 거기에는 당신이 마음대로 부대를 벗어났기 때문에 더 이상 책임질 수 없다고 써 있어. 내 말이 믿어지지 않거든 직접 읽어 봐!"

"아……."

아무도 내 편이 되어 주지 않았다. 왠지 나는 점점 더 궁지로 몰리는

느낌이었다.

'어떻게 한담? 오렌부르크를 떠난 것은 마리아를 구해 내기 위한 일이었다고 말해 버릴까? 만일 그렇다면 이 곳으로 마리아를 데리고 와서 증인으로 세우려고 할 텐데.'

이번 일에 마리아를 끼어들게 만든다는 것은 왠지 마음이 내키지 않았다. 겨우 부모님을 잃은 충격에서 벗어난 그녀에게 또 다른 시련을 주고 싶지 않았기 때문이다.

"왜 더 이상 할말이 없는가? 좋아, 그렇다면 자네를 고발한 증인을 이 곳으로 불러올 테니 자네 두 귀로 똑똑히 듣게."

"증인이라고요?"

장군은 밖에 대기 중인 병사에게 지시를 내렸다. 곧 이어 내 죄를 증명해 줄 증인이라는 사람이 방으로 들어섰다.

"아니, 자네는……."

나는 너무 놀라 할말을 잊고 말았다. 증인이라는 사나이는 다름 아닌 시바브린이었다. 그는 애써 나의 눈을 피하고 있었다. 그는 예전과는 완전히 다른 모습이었다. 머리칼은 흰머리로 온통 뒤덮여 있었고, 턱수염은 언제 깎았는지조차 모를 정도로 지저분했다.

"저 자가 보는 앞에서 자네가 본 그대로 말해 보게."

장군이 이렇게 명령하자 그는 조금도 주저하는 기색 없이 대답했다.

"제가 똑똑히 보았어요. 저 사람은 푸가초프의 명령을 받고 오렌부르크를 염탐하기 위해 일부러 들어간 거예요. 반란군과의 싸움을 적극적으로 나선 것은 오직 성 안의 자세한 소식을 푸가초프의 부하에게 알려 주려고 했기 때문이에요. 나중에는 결국 오렌부르크를 말없이 나와 푸가초프의 곁으로 가서 그와 함께 정부군을 무찌르는 데 공을 세웠어요."

시바브린의 거짓 이야기는 그럴 듯했다.

'아마도 저 나이 든 대장과 젊은 근위대 장교는 시바브린의 꾸며 낸 이야기를 믿겠지. 정말 그럴 듯하게 잘 둘러대는군. 한 가지 기특한 것은 절대 마리아의 이름은 입 밖에 내지 않는다는 것뿐이로군.'

내가 사문 위원회의 조사를 받는 동안 마리아의 이름은 한 번도 거론 되지 않았다. 나를 심문하던 대장은 마지막으로 이렇게 물었다.

"자, 아직도 할말이 있는가?"

"아닙니다. 조금 전 장군께 말씀드린 것 외에는 없습니다."

더 이상 아무런 변명도 하지 않는 나를 장군은 감옥으로 데려가라고 명령했다. 시바브린과 나온 나는 그를 다시 한 번 쳐다보았다.

"흥, 억울한가?"

"자네야말로 아직도 나에게 몹시 억울한 표정이로군."

태연한 나의 대답에 시바브린은 험악한 얼굴로 나를 쩨려보고는 곧 자신의 감방으로 가 버렸다. 그 뒤 나는 감방에 갇혀 지내게 되었다. 나에 대한 처벌은 벌써 결정난 듯 다시는 심문하지 않았다. 일찍이 내 고향에 도착한 마리아와 사벨리치는 나의 부모님과 즐거운 시간을 보내고 있었다. 그녀의 사정 이야기를 사벨리치를 통해 듣게 된 아버지는 그녀를 만나 보고는 매우 흡족해했다.

"오, 그 동안 마음 고생이 많았겠구나. 물론 내 아들의 결혼 소식에 반대하고 나선 나를 원망도 많이 했겠지? 아가씨의 부모님은 대단히 훌륭하신 분이로군."

"이제 고아인 저를 이렇게 반갑게 맞아 주시니, 고마울 따름입니다."

어머니 역시 마리아의 착한 마음씨를 보고 매우 좋아하셨다. 이 무렵, 내가 감옥에 갇혔다는 소식이 가족들에게도 전달되었다.

"이게 무슨 일이냐? 내 아들이 반란군의 우두머리와 함께 반란에 가담했다니······."

"그건 사실이 아닙니다."

충격에 아버지는 정신을 차릴 수가 없었다. 마리아는 조용히 나의 일을 사실대로 말씀드렸다. 그녀의 이야기를 다 듣고 난 아버지는 그제야 손뼉을 치며 기운을 얻은 듯했다.

"그럼 그렇지. 내 아들이 그랬을 리가 없어. 어떤 놈이 꾸며 낸 일을 사문 위원회에 보고한 게 틀림없어."

"마리아 아가씨의 말이 모두 맞습니다. 도련님을 늘 곁에서 모시고 다닌 제가 증명할 수 있어요."

그녀 곁에 있던 사벨리치가 주인 나리 앞에 나서며 맞장구를 쳤다.

"우선 내 아들의 무죄를 알고 나니 한결 마음이 가볍군. 마음 놓고 기다리면 곧 좋은 소식이 오겠지."

아버지는 아들이 반란에 가담한 사실이 전혀 없음을 알고 곧 감옥에서 풀려날 것이란 기대감에 하루 하루를 보냈다.

"여보! 여기 당신과 친분이 있는 공작님으로부터 편지가 왔어요."

"어디 봅시다. 분명 그 애의 소식이 적혀 있을 거요. 내가 좀 알아봐 달라고 부탁해 놓았거든."

편지를 펼쳐 든 아버지는 서둘러 읽어 내려갔다.

"이럴 수가······."

"왜 그래요? 무슨 나쁜 소식이라도 있나요?"

아버지의 손에 들려 있던 공작의 편지에는 다음과 같이 적혀 있었다.

　　얼마 전 아들 소식을 알아봐 달라는 편지를 받고 사람을 시켜 알아본 즉, 유감스럽게도 혐의 내용이 사실로 확인되었습니다.
　　반란군의 앞잡이 노릇을 한 자는 당연히 사형에 처할 것이지만,

당신이 쌓아놓은 그 동안의 공적을 생각하여 시베리아 종신형으로 판결이 났습니다. 이에 대해 뭐라고 위로의 말을 해야 할지 모르겠군요.

건네받은 편지를 마저 읽고 난 어머니는 그만 그 자리에서 기절을 하고 말았다. 아버지는 정신이 나간 듯 혼잣말을 했다.

"아아, 우리 집안도 이제 끝장이로구나. 자식을 좀더 강인하게 키우고자 군대에 보냈는데 이런 꼴을 당하다니. 차라리 사형을 내릴 것이지, 평생을 시베리아 벌판에서 갇혀 지내야 하는 그런 꼴을 어떻게 내 두 눈을 뜨고 본단 말이냐!"

그 뒤, 우리 집은 시커먼 먹구름이 낀 듯 어둡고 우울한 날이 계속되었다. 아버지는 말을 잃어버리셨고, 어머니는 그런 아버지를 위로해 드리느라 병이 나실 지경이었다.

'저러시다간 병이 나실 텐데. 통 음식을 들지 못하고 우두커니 창 밖만 바라보고 계시니.'

마리아는 너무도 안타까운 마음에 어쩔 줄을 몰랐다.

'이 모든 게 나 때문에 일어난 일이야. 나를 구출하러 벨로고르스크 요새에 오지만 않았더라도, 의심을 받는 일은 없었을 거야. 아, 어쩌면 좋아.'

그녀는 괴로운 마음에 뜬눈으로 밤을 지새는 일이 많아졌다.

'그래, 내가 나서 보는 거야. 여왕 폐하가 있는 곳에 가면 무슨 방법이 있을지도 몰라.'

대단한 결심을 한 마리아는 거실로 나갔다.

"드릴 말씀이 있어요. 페테르부르크에 다녀오도록 허락해 주세요."

"마리아, 대체 그게 무슨 말이냐?"

"이대로 도련님께서 곤경에 빠진 걸 보고만 있을 수는 없어요."

그러자 어머니가 나서서 그녀를 말렸다.

"마리아, 네 착한 마음은 고맙게 생각한다만 이번 일은 네가 어떻게 해 볼 수 있는 일이 아니란다."

"허락해 주세요. 이대로 주저앉아 있으면서 마음만 졸이고 있는 것보다 무엇이든 도련님을 위해 힘써 보고 싶어요. 제발……."

"오, 마리아……."

어머니는 그녀를 붙잡고 울음을 터뜨렸다. 곁에 계시던 아버지도 감동이 되었는지 아무 말도 못하고 행여나 눈물이라도 보일세라 고개를 돌리셨다.

그 다음 날, 마리아는 하녀 팔라샤와 사벨리치를 데리고 먼길을 떠날 준비를 서둘렀다. 그들은 어렵게 페테르부르크에서 그리 멀지 않은 곳에 있는 차르스코예셀로에 여왕이 머물고 있다는 사실을 알아 냈다.

"아가씨, 저 여관에 우선 짐을 풀도록 합시다."

"그럼 할아범이 먼저 가서 방을 잡도록 하세요."

여왕이 있는 곳에서 얼마 떨어지지 않은 곳에 방을 잡은 그들은 날이 밝는 대로 여왕을 찾아뵙기로 했다.

"어머, 이 곳에 처음 오신 분들이로군요."

여관집 안주인은 마리아 일행에게 관심을 보이며 수다를 떨었다.

"예."

"참 예쁘게 생긴 아가씨군요. 나도 한창 때는 궁중에서 시녀 노릇을 했을 정도로, 미모가 남에게 빠지지 않았다우."

마리아는 여관집 안주인에게 별 다른 관심을 보이지 않다가, 궁중 이야기가 나오자 귀가 솔깃했다.

"정말인가요?"

"뭐가요?"

"궁중에서 일한 적이 있다는 말이 정말이에요? 그럼 여왕 폐하를 만난 적이 있나요?"

여관집 안주인은 그제야 맞장구를 쳐 주는 마리아에게 바짝 다가앉아, 여러 가지 이야기를 들려주었다.

"여왕 폐하를 직접 본 적은 없지만, 이 두 귀로 수도 없이 많이 전해 들었지요. 몇 시에 일어나 무슨 음식을 드시고, 산책은 어디로 나가시는지……."

여관집 안주인의 말은 끝도 없이 계속되었다. 마리아는 혹시 도움 될 만한 이야기가 있을까 싶어 하나도 빼놓지 않고 주의 깊게 들었다.

그날 밤 여왕을 만날 기대에 부풀어 잠이 든 마리아는 아침 일찍 눈을 떴다. 그녀는 옷을 단정히 갈아입은 뒤, 근처 공원으로 나갔다.

'이 곳이 여왕 폐하가 가끔 와서 산책을 한다는 곳이라고 했지?'

마리아는 어제 여관집 안주인이 가르쳐 준 말이 생각이 났다. 아직 이른 시간이라 공원은 사람의 발길이 뜸했다.

'과연 여왕 폐하가 나를 만나 주실까? 훌륭하게 나라를 위해 돌아가신 나의 부모님을 알고 계신다면 분명히 만나 주실 거야.'

이런 저런 생각을 하며 무작정 앞만 보고 걷고 있는데, 어디서 나타났는지 난데없이 개 짖는 소리가 들려왔다.

"어머!"

그녀는 흠칫 놀라 뒤로 한 발짝 물러섰다.

"이리 와, 어서!"

무섭게 짖어 대는 개에게 소리를 치는 여인의 목소리가 들려왔다. 마리아는 소리나는 곳을 향해 고개를 돌렸다. 공원의 기념비 밑에 마련된 의자에 한 귀부인이 다소곳이 앉아 있었다.

'무척 품위가 있어 보이는 분이야.'

마리아는 자신도 모르게 귀부인이 있는 곳으로 가 옆에 앉았다. 귀부인은 너그러움과 위엄을 동시에 갖춘 얼굴로 눈처럼 흰 외투를 걸치고 있었다.

"이 곳에서 살고 있는 사람은 아닌 것 같군요."

"어머, 어떻게 아세요? 전 이 곳에 볼일이 있어 어제 도착했어요."

"그랬군요. 무슨 일인지 물어 봐도 되나요?"

그러자 마리아는 잠시 머뭇거렸다.

"사실은 여왕 폐하를 만나 뵈려고 합니다."

귀부인은 마치 자신의 일이라도 되는 것처럼 마리아의 일을 궁금하게 여기며 말했다.

"혹시 도움이 될지도 모르겠군요. 내가 궁중에 아는 사람이 있으니 내게 아가씨의 사정을 이야기해 봐요."

마리아는 왠지 낯설게 느껴지지 않는 이 귀부인에게 그 동안의 일을 숨김없이 이야기해 주었다. 이야기를 다 듣고 난 귀부인은 깜짝 놀라며, 마리아에게 되물었다.

"그럼 당신이 반란군의 앞잡이의 혐의로 잡혀 있는 표트르 안드레비치 장교의 약혼녀란 말인가요?"

"예, 그렇습니다."

"그 사건이라면 나도 대충 들어 알고 있지만, 아가씨가 알고 있는 것과는 너무도 다르군요. 그 장교는 푸가초프를 도와 반란군의 앞장을 선 반역자예요."

"아니에요, 잘못 알고 계신 겁니다. 제 아버지의 이름을 걸고 맹세할 수 있어요."

"아가씨의 아버지는 누구죠?"

"미로노프 대위입니다."

그제야 귀부인은 마리아의 말에 믿음이 갔다.

"부모님을 죽인 원수인 푸가초프의 앞잡이를 구하러 이 먼 곳까지 여왕 폐하를 찾아올 리는 없을 테니까, 아가씨 말이 맞을지도 모르겠군요. 그럼 그 장교는 어째서 자신의 결백을 밝히는 일을 포기하고 증인의 말을 인정하고 만 것인지 도무지 그 이유를 모르겠군요."

"바로 저 때문이에요."

"아가씨 때문이라니 그건 또 무슨 뜻이죠?"

"저를 이 사건에 말려들게 하지 않기 위해서죠. 그는 저를 무척 사랑하고 있어요."

"오! 두 사람 다 모두 아름다운 마음씨를 가졌군요. 한 사람은 사랑하는 여인에게 피해를 주지 않기 위해서 자신의 죄를 밝히려고 하지 않고, 그 여인은 여왕 폐하를 찾아 이 먼 곳까지 달려왔으니 말이에요."

귀부인의 두 눈에는 어느 새 눈물이 맺혀 있었다.

"지금 아가씨가 있는 곳은 어딘가요?"

"여기에서 멀지 않은 여관에 묵고 있어요."

"약속할게요. 아가씨의 일을 도와줄 사람을 만나게 해 줄 테니 걱정말고 돌아가서 기다리세요."

마리아는 귀부인과 간단히 인사를 나눈 뒤, 여관으로 돌아왔다. 팔라샤와 사벨리치는 아침 식사를 준비하고 있었다.

"아가씨, 날도 쌀쌀한데 어디를 갔다 오세요?"

"응, 이 근처에 있는 공원을 산책하고 오는 길이야."

"아유, 그러다 감기라도 걸리시면 어떡해요. 잠깐 기다리세요. 제가 얼른 가서 따뜻한 차 한 잔 끓여올게요."

그들이 아침 식사를 마칠 즈음, 여관집 안주인이 급히 뛰어들어왔다.

"아가씨를 데려가려고 밖에 궁중 마차가 와 있어요. 어서 나와 봐요."

"정말인가?"

마리아는 여왕 폐하가 보내 준 마차에 올라 궁중으로 향하는 동안 가슴이 터질 것만 같았다.

'내가 정말 여왕님을 만나는 걸까? 오늘 이른 아침에 만난 그 귀부인께서 이런 자리를 주선해 주신 게 틀림없어.'

마침내 궁중에 도착한 마리아는 시녀들의 안내를 받아 한 곳에서 기다렸다. 잠시 후, 큰 거울 앞에 앉아 있는 여왕을 만날 수 있었다.

"고개를 들어라."

숙였던 고개를 천천히 들어 여왕의 얼굴을 본 순간, 마리아는 깜짝 놀라고 말았다.

"아, 당신은……."

어제 공원에서 만났던 그 귀부인이 바로 여왕이었다. 여왕은 마리아에게 가까이 오라고 손짓을 했다.

"아름다운 아가씨, 어제 일을 당신에게 듣고 난 뒤 표트르 안드레비치 장교의 일을 다시 자세히 알아봤소. 이제 그 자는 곧 감옥에서 나오게 될 테니 걱정 말고 집으로 돌아가시오."

그리고 편지 한 장을 주며 장교의 아버지께 갖다 주라고 덧붙였다.

"여왕 폐하, 이 은혜를 어떻게……."

마리아는 말을 다 끝맺지 못하고 흐느껴 울었다.

"아가씨의 부모님은 나와 조국을 위해 목숨을 바쳤으니, 그보다 더한 충성이 어디 있겠느냐? 그에 대한 보답으로 앞으로 아가씨의 일은 내가 돌봐 줄 것이다."

"이 은혜 평생 잊지 않겠습니다."

여왕 폐하 앞을 물러나온 마리아는 아직도 궁중을 다녀온 일이 믿어지지 않았다.

여관으로 돌아온 그녀 곁으로 하녀 팔라샤와 사벨리치가 다가왔다.

"도련님의 부모님이 계신 곳으로 돌아갈 채비를 하도록 해요."

"아가씨, 그보다 궁중에 들어가신 일은 어떻게 됐나요?"

"이 할아범도 궁금해서 죽을 지경입니다. 말씀 좀 해 주세요."

마리아는 얼굴 가득 행복한 웃음을 지어 보이며 대답했다.

"이제 도련님의 일은 걱정하지 않아도 돼. 여왕 폐하께서 내게 그 분을 풀어 주시겠다고 약속하셨어."

"아니, 그게 정말이에요?"

"아가씨, 정말 대단한 일을 하셨군요."

하녀 팔라샤와 사벨리치는 함께 손을 잡고 펄쩍 펄쩍 뛰었다. 그 곁에서 마리아는 행복한 미소를 지었다.

표트르 안드레비치의 수기는 여기서 끝이 났다. 그는 1774년 말 여왕의 특별 명령으로 감옥에서 풀려났다. 푸가초프는 결국 사형에 처해졌는데, 죽기 직전 표트르 안드레비치를 사람들 속에서 알아보곤 말없이 고개를 끄덕였다고 한다. 그 뒤, 마리아와 결혼을 한 표트르 장교는 부모님이 계신 심비르스크에 정착하여 행복하게 살았다고 전해진다.

세월이 흘러 그들 자손들 중 한 명이 여왕이 표트르 장교의 아버지께 보낸 편지를 소중히 간직하고 있었다. 편지의 내용은 장교의 무죄와 더불어 미로노프 대위의 딸에 대한 칭찬에 대한 것이었다.

이 글은 표트르 안드레비치 후손 중 한 명이 우리에게 보내 준 원고를 바탕으로 펴낸 것이다.

1836년 10월 19일 발행인

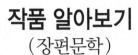

작품 알아보기
(장편문학)

〈대위의 딸〉에서 키르기스 요새에 파견된 청년 장교 표트르 안드레비치는 사령관의 딸 마리아를 사랑하게 된다. 때마침 러시아 전국을 공포 속에 몰아넣은 푸가초프의 반란이 일어나, 그는 포로가 되고 마리아는 고아가 된다. 하지만 푸가초프는 전에 표트르 안드레비치의 은혜를 입은 일이 있어 친근한 사이가 된다. 반란군과 진압군의 팽팽한 접전 중에 표트르 안드레비치는 푸가초프의 도움으로 연인의 목숨도 구하고 무사히 집으로 돌아가게 되지만 곧 동료였던 사람의 밀고로 반역자라는 모함을 받아 끌려가게 된다. 하지만 마리아의 기지로 풀려나게 된다는 줄거리이다.

이 작품은 푸슈킨 산문의 대표작으로, 복잡한 인간 생활을 보다 상세하고 완전하게 묘사함과 동시에 사상적인 깊이를 파헤치기 위한 새로운 문학 형식인 산문이 푸슈킨에 의하여 가장 성공한 예라 할 것이다. 또한 18세기 후반의 귀족과 민중의 생활, 그 양자의 관계 등을 생생하게 재현시켰으며, 진보적 귀족과 민중과의 정신적 유대와 이해를 깊게 하는, 참다운 귀족 정신의 방향 등을 제시하여 19세기 러시아 사실주의 문학의 선구적 작품으로 평가받았다.

논술 길잡이
(장편문학)

❶ 아버지는 외아들인 표트르 안드레비치를 왜 어린 나이에 군
　 대에 지원해 보냈는지, 그 이유를 글로 써 보자.

_____

_____

_____

_____

_____

❷ 표트르 안드레비치는 배치받은 부대에서 만난 동료 장교 시
　 바브린과 결투를 하게 된다. 왜 결투를 하게 되었는지, 그
　 결투가 암시하는 바는 무엇인지 써 보자.

_____

_____

_____

_____

논술 길잡이
(장편문학)

❸ 표트르 안드레비치가 있는 곳에 반란군이 쳐들어와 모든 정부군을 교수형에 처한다. 그러나 반란군의 두목 푸가초프는 표트르만은 살려 준다. 그 이유가 무엇인지 본문에서 찾아써 보자.

....

....

....

....

❹ 만약 내가, 반란군이 이긴 전투에서의 장교이고 항복을 권유 받는다면 어떻게 행동할 것인지 생각해 보고 쓰라.

....

....

....

....

논술 길잡이
(장편문학)

❺ 다음은 푸가초프가 표트르에게 해 준 '독수리와 까마귀'의 이야기를 듣고, 표트르가 푸가초프에게 한 말이다. 표트르가 이렇게 말한 의도가 무엇인지를 쓰라.

"제 생각은 잔인한 살인과 남의 물건을 함부로 빼앗으며 사는 것이 시체를 쪼아 먹고 사는 것과 별로 다를 게 없다고 봅니다."

논술 길잡이
(장편문학)

❻ 푸가초프와 시바브린은 극단적으로 서로 다른 성격을 가지고 있다. 이 두 사람의 차이점을 쓰라.

◆ 푸가초프:

....

....

◆ 시바브린:

....

....

❼ 이 작품은 푸슈킨의 대표 소설이다. 이 작품이 씌어진 시대적, 역사적 배경을 살펴보고, 작품과의 상관성에 대해 논술하라.

....

....

....

....

논·술·세·계·대·표·문·학 〈전60권〉

펴 낸 이	정재상
펴 낸 곳	훈민출판사
주 소	경기도 고양시 덕양구 원당동 416번지
대표전화	(031)962-3888
팩 스	(031)962-9998
출 판 등 록	제395-2003-000042호

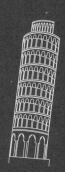